学问人生

《道德经》的启示

周南 著

北京大学出版社

图书在版编目(CIP)数据

学问人生:《道德经》的启示/周南著. —北京:北京大学出版社,2018.10
ISBN 978-7-301-29952-4

Ⅰ. ①学… Ⅱ. ①周… Ⅲ. ①《道德经》—通俗读物 Ⅳ. ①B223.1-49

中国版本图书馆 CIP 数据核字(2018)第 225074 号

书　　　名	学问人生——《道德经》的启示
	XUEWEN RENSHENG
著作责任者	周　南　著
策 划 编 辑	贾米娜
责 任 编 辑	贾米娜
标 准 书 号	ISBN 978-7-301-29952-4
出 版 发 行	北京大学出版社
地　　　址	北京市海淀区成府路 205 号　100871
网　　　址	http://www.pup.cn
微信公众号	北京大学经管书苑(pupembook)
电 子 信 箱	em@pup.cn　　QQ:552063295
电　　　话	邮购部 010-62752015　发行部 010-62750672　编辑部 010-62752926
印 刷 者	北京中科印刷有限公司
经 销 者	新华书店
	787 毫米×1092 毫米　16 开本　20 彩插　9.75 印张　190 千字
	2018 年 10 月第 1 版　2018 年 10 月第 1 次印刷
定　　　价	66.00 元

未经许可,不得以任何方式复制或抄袭本书之部分或全部内容。
版权所有,侵权必究
举报电话:010-62752024　电子信箱:fd@pup.pku.edu.cn
图书如有印装质量问题,请与出版部联系,电话:010-62756370

1. 全家合影 ▶

1957年摄于福建沙县。我父亲与母亲都是20世纪40年代上的大学，他们希望我和妹妹也能读大学。因为"文化大革命"，我1969年16岁到农村插队，做梦都想重返校园。

◀ **2. 与父亲合影**

1973年摄于广西桂林。父亲在福建三明地区农科所工作，虽然身体欠好，却坚持要去海南岛参加水稻"南繁"工作，所领导安排我送他去海南，路过桂林时留影。请参阅本书1-3 学到老，活到老；2-2 做教学的有心人（一）。

◀ 3. 武汉长江大桥

1978摄于武汉。做梦都没想到的是，1975年我能作为工农兵学员进入福州大学工业与民用建筑专业学习。1978年去武汉毕业实习时留影，背景是长江大桥。

◀ 4. 福州大学

1979年摄于福州。我的老师林永祥（右四）与我同1976级的几个学生合影。1978年，我从福州大学毕业留校当助教。我"助""教"的是1976级学生，他们只比我低一级。学生们提出的问题，我心里时常没底，能给的"助"不多，好在学生们似乎也不太计较。下了课，大家一起参加文体活动，一起下建筑工地，大家"打"成一片，不分彼此。我暗下决心，定要努力提升业务水平，当一个"货真价实"的助教。请参阅本书1-3学到老，活到老；2-2做教学的有心人（一）；3-8认真教研，用心学研。

5. 美国是一面镜子

　　1982年摄于美国黄石国家公园。1982年我去美国留学，不久之后去黄石公园游览，拍了一张刘易斯湖（Lewis Lake）的风景照。因为我觉得颜色不对，照片冲洗店的店员主动重洗了两次，所以有了这三张颜色不同的照片。这在当时的中国，不可思议。商家对顾客的善待，使我想借鉴美国的营销学来帮助中国的经济发展，结果读了市场营销学博士学位。请参阅本书1-24 美国是一面镜子。

6. 外交大使

　　1983年6月12日，波卡特洛城最大的日报《爱达荷州日报》（Idaho State Journal）以中国留学生在爱达荷州立大学读MBA为题，刊登了一篇关于我的报道。译文见本书1-6 附录：外交大使。

◀ 7. MBA 隔间门口

1983年摄于美国爱达荷州波卡特洛城。"站在MBA办公室的学生小隔间门边的照片，好像不能证明我在学习。"

1982—1984年，我在美国爱达荷州立大学读MBA学位。MBA是我人生中的第一个学位。毕业十年后，我向校刊投了一篇随笔，回顾我的学习经历，内容包括从当年积攒的照片里找出我真学习了的证据。

◀ 8. MBA 课堂发言

1983年摄于美国爱达荷州波卡特洛城。"正在MBA640课上做案例展示，是关于洛克希德公司在日本的行贿案。看来，我的确把时间用来学习了！"

▲ 9. 校办公楼前

1983年摄于美国爱达荷州波卡特洛城。爱达荷州立大学校办公楼前个人照。

10. Oh, ISU! Oh, Pocatello! ▶

1995年原载于 *ISU Outlook*, Fall 1995（《爱达荷州立大学校刊》1995年秋季刊）第14页的随笔 "Oh, ISU！Oh, Pocatello！"。"（母校）在我心中的位置，永远独一无二。我爱你！"

照片7—10请参阅本书1-5 哦，爱达荷州立大学！哦，波卡特洛！

Oh, ISU! Oh, Pocatello!
An international alumnus waxes nostalgic as photos jog memories of college friends

By "Joe" Nan Zhou
MBA '84

(EDITOR'S NOTE: "Joe" Nan Zhou was one of the first students from the People's Republic of China to attend ISU. He is now a tenured associate professor of marketing at Acadia University, Wolfville, Nova Scotia.)

The other day, when opening the albums which contain most of the 300-plus photos I accumulated during my years at ISU, I could not help but notice the dates written next to the photos. Some of them were over a decade old! How fast time had flown!

As I flipped the albums from page to page, many happy memories returned.

The first two photos in the album were taken with Jack and Barbara Smith and ISU's first student from the Peoples Republic of China, Weixing Huang, on June 22, 1982. Barbara, a volunteer in the international students friendship office, invited me to stay at her house until I could settle into Graveley Hall. Why was I wearing a sweater while everyone else was in short sleeves? It was cold when I left San Francisco and I assumed it would be cold in Pocatello, too. But you all know how hot it can be in June.

Many photos show me with my host family, Dr. and Mrs. Robert Lerch, who treated me as one of their own children. I skied with them in Jackson Hole; I was in family photos when their daughter Laura got married; I was cutting a birthday cake Mrs. Lerch made for me.

I also found myself in pictures with other Chinese. I recognized among others Weixing, Hwai-Tsu Shih from Taiwan, Nan Yao from Beijing, Yunliang Chen from Shanghai, Mr. and Mrs. Joseph Lu, and Edward Li. Everybody was busy, so we mostly got together during school holidays, mainly to eat Chinese food. I cannot recall that I ever cooked anything but always ate a lot.

In one picture, I was looking at a cooked turkey, a present from Dr. Longmore, who had invited me to a holiday family dinner. When one of his children fell ill, we decided I should stay away, but he sent me the turkey. I shared it with Nan. It was so big that several days later we had not finished it.

Many photos reflected my first experience with four real seasons: wearing a t-shirt and a snow jacket in Yellowstone National Park on the same day in July; standing near the College of Pharmacy with golden-leafed trees in the fall; excitedly making a snowman taller than I; and sitting on the green lawn of Hutchinson Quadrangle on a spring day surrounded by red tulips and other flowers, with snowy mountains in the background.

I finally decided to find some proof that I spent time studying, too! But a photo of me standing outside my carrel in the MBA office doesn't count. How about one taken "before five finals"? No, I was just sitting there looking nervous. An interesting photo of Kathy, Shirley, Jake, Tony, Coleen, and me clearly shows us buddies hanging out and "growing up" together, but I doubt I could use it as proof that we were a "study group." Likewise, snapshots taken with Drs. Fouad, Sarraf, Stratton, and Le Blanc show us during non-academic activities, such as an MBA student reception or eating at their homes!

Wait a minute! Here's one: I was standing and talking in front of my MBA buddies in a classroom. The note said that I was presenting a case on the Lockheed Aircraft Corp. bribery scandal in Japan in MBA 640. So sometimes I did work!

The final batch of the photos was taken on the day of my graduation in May 1984. I was in hood and gown and smiling in every picture. That evening, Dr. and Mrs. Lerch held a farewell dinner party for their Chinese son. Invited guests included the Smiths, ISU President and Mrs. Coulter, and several professors. The Lerches' dining room was gorgeously decorated. And the foods were great. Late at night, Nan saw me off at the bus station. We both were in tears.

Life has moved on. I have only had one brief visit to ISU since. I have not had contacts with many of the nice people I met in Pocatello. But I have not forgotten them. They went all out of their way to make my education, life, and experience pleasant and rewarding.

Oh, ISU! Oh, Pocatello! You have a special place in my heart. I love you. I shall come back to see you someday.

(Note: This essay was originally submitted in December 1993 and intended for publication in 1994, when Zhou would have been a 10-year alumnus. It was lost and found recently.)

▲ 11. 教书匠，老师，教育家

　　1985年摄于美国盐湖城，威廉·摩尔（William Moore）教授。1984年，我去美国犹他大学攻读博士学位，摩尔是我的老师。摩尔老师不仅学问好，书教得好，而且还特别关爱（关心＋爱护）学生。他知道我远离家人，只身一人来盐湖城求学，总是嘘寒问暖。这些年来，摩尔老师一直是我的榜样。请参阅本书2-1教书匠，老师，教育家。

▲ 12. 福州街头

　　1986年摄于福州。我回福建收集博士学位论文资料。在去采访企业的途中，我在街头吃早餐（我后面的摊子在卖油条，我的早餐应该是"锅边糊"）。请参阅本书1-6看美国"表演"，练中国"功夫"。

1987年我从犹他大学博士毕业，系里留我当了一年访问助理教授。我保留了那一学年最后一个学季（1988年春季）的教学评估表，得分高于系里的平均分。分数高并非表明我上课水平高，只是显示学生对我的教学评价正面。请参阅本书2-2做教学的有心人（一）。

13. 犹他教学评估1 ▶

1988年摄于美国盐湖城。学生对我的教学评估1。

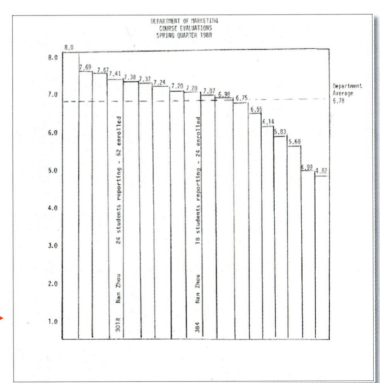

14. 犹他教学评估2 ▶

1988年摄于美国盐湖城。学生对我的教学评估2。

▲ 15. 盐湖城 Smith 夫妇

1985年摄于美国盐湖城。Jack Smith 和 Barbara Smith 夫妇来盐湖城看我。我到爱达荷州立大学读硕士时，第一天就住在他们家，那两年他们一直很关照我。1985年年底，我已经在犹他大学读博士，他们听说我的妻子和女儿也来了，专程从波卡特洛开车到盐湖城来看我们，单程就要四个小时左右，来回整整一天。在我们租住的地下室公寓里，虽然房间简陋，但我们交谈得很快乐。三十几年过去，他们年岁都已高，祝他们健康长寿！请参阅本书1-5哦，爱达荷州立大学！哦，波卡特洛！

▲ 16. 与犹他大学学生合影

1987年我从犹他大学博士毕业后在系里当了一年访问助理教授。上完最后一堂课，学生们给了我一个惊喜。他们知道我将离开犹他大学，特意买来鲜花，在下课前送给我，还邀请我合影留念。照片我一直保存着，不过后来再也没见过这些学生。

1988—1994年我在加拿大的阿卡迪亚大学任教。我不仅将学院布置给我的大部分课程都教到"滚瓜烂熟",还与同事和学生们一起尝试发展行之有效的实践教学模式,并且收获了"互相学习、共生共荣"的友谊。请参阅本书2-2 做教学的有心人(一)。

▲ 17. 与阿卡迪亚大学的学生们合影

1990年左右摄于加拿大新斯科舍省五福镇。

▲ 18. 阿卡迪亚大学的学生比赛归来

1992年左右摄于加拿大新斯科舍省五福镇。与我指导的阿卡迪亚大学商学院两位学生参加全加商学院案例比赛获奖后留影。这是商学院的学生第一次在比赛中获奖。

1994年，我加入香港城市理工学院(香港城市大学的前身)，1997—2009年任市场营销学系代主任、系主任，2017年65岁时退休。全系师生员工同心同德，将市场营销专业办成了香港城市大学本科联招招生平均分数最高的专业。

▲ 19. 香港城市大学市场营销学系2006—2007学年及
2007—2008第一学期报告（一）

2007年制作于香港。董勤老师荣获学校杰出教学奖。特别感谢董勤提供照片。

林立坚
(Regan Lam)

谭桂常
(Alex Tham)

吴淑慧
(Raine Ng)

李雪梅
(Daisy Lee)

温诗媚
(Selina Wan)

▲ 20. 香港城市大学市场营销学系2006—2007学年及
2007—2008第一学期报告（二）

2008年制作于香港。林立坚、谭桂常、吴淑慧、李雪梅、温诗媚五位老师分别荣获学系2006—2007学年及2007—2008学年第一学期教学奖。
本页图均取自2008年4月29日我给第三届学系顾问委员会报告的幻灯片。

21. 云南 ▶

2006年摄于云南。我对系学生会有一个要求：每年组织一次去内地扶贫的活动。系学生会会长张东曦在2006年圣诞节至2007年元旦的假期里，组织了一批同学去云南一个偏僻的山区扶贫。图取自我2007年1月11日在系里的高级市场营销实践工作坊颁奖礼上致辞时用的幻灯片。

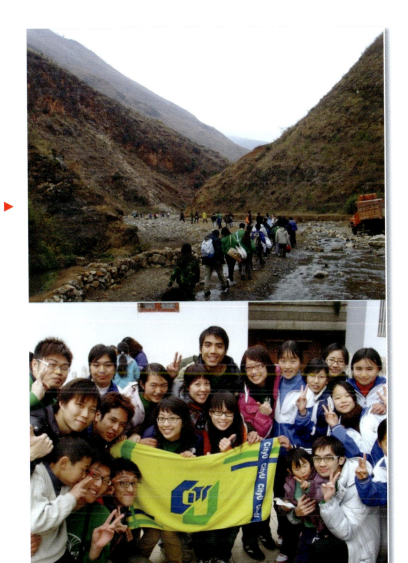

22. 退休前与香港城市大学同事合影 ▶

2017年摄于香港。与几位先后得过学系教学奖的同事合影。后排左起：朱盈盈，温诗媚，吴淑慧，霍信昌，前排左起：张婉仪，周南，谭桂常。

请参阅本书2-3做教学的有心人（二），3-7给新入职年轻教师的建议。

▲ 23. 永远向学生学习

2017年摄于香港。多年来，我坚持在系里做"一学期，一讲座"。最后一次是2017年3月1日，讲座题目是"永远向学生学习"。讲座结束后，与听众合影。请参阅本书1-17永远向学生学习。

▲ 24. 游学

2017年摄于香港。与香港城市大学市场营销专业硕士班的同学们在香港世界地质公园（万宜水库东坝部分）游学。每年，修我课程的同学们，都会组织一次游学。这一年的组织者有：学生会主席周一鸣（未在照片中），梁伟成（后排右一），梁家妍（后排右七），杜文婧（后排右八），郭心悦（后排右五），高加恩（后排右六），邵澄（后排右四）。特别感谢梁伟成提供照片。

感恩香港城市大学，我在这里工作了23年，留下许多美好回忆。请参阅本书2-3 做教学的有心人（二）。

▲ 25. 香港城市大学新学年聚会

2017年摄于香港。2017年秋季学期，回香港城市大学市场营销学系参加新学年聚会。特别感谢李娟提供照片。

▲ 26. 2012级市场营销专业硕士班毕业五周年聚会

2018年摄于香港。回香港城市大学市场营销学系参加2012级市场营销专业硕士班毕业五周年聚会。葛佳（我后面的男士）是组织者。特别感谢毕岑提供照片。

▲ 27. 朱潇璇、张汀答辩

2017年摄于苏州。2017年从香港城市大学市场营销学系退休前的半年期间，我参加了系里七场博士生毕业论文答辩。看着学生们"熬"到"毕业"，为他们高兴。在位于苏州的中国科学技术大学－香港城市大学联合高等研究中心参加联合培养博士生张汀（左）与朱潇璇的答辩后，与她们合影。请参阅本书1-14读博什么最难，如何解决？

▲ 28. 李苗答辩

2017年摄于香港、西安。在香港通过互联网参加香港城市大学－西安交通大学联合培养博士生李苗的答辩后，与她"隔空"拍了一张合影。请参阅本书1-14读博什么最难，如何解决？

2017年7月我从香港城市大学市场营销学系退休,秋天加入深圳大学市场营销系。

29. 退休有感 ▶

2017年摄于香港。7月1日,退休第一天,在我家附近的沙田城门河边"休整"一下。

30. 欢迎新同学 ▶

2017年摄于深圳。在深圳大学"热烈欢迎2017级新同学"告示牌旁留影。我新加入深圳大学,有很多新事物要与大一新生们一起学,我也是"2017级新同学"。

请参阅本书3-1回家,真好!

◀ **31. 大一入学讲座**

我已"出走半生","归来"在深圳大学管理学院认识了一批大一的"少年",觉得"回家"真好。

2017年摄于深圳。开学第一周,我做了场本科新生入学讲座。我介绍自己是"沙县人",问大家:"吃过沙县小吃的,请举手!"许多同学举起了手。我在香港二十几年,许多人从未听说过沙县这个地方,而眼前的同学们不仅知道我的家乡,还把我的家乡"当一回事",使我感受到了家乡的魅力。特别感谢曾永乐提供照片。

▲ **32. 深圳大学管理学院20周年节目单**

2017年摄于深圳。深圳大学管理学院建院20周年迎新晚会节目单。从1982年去美国留学算起,这是我第一次在内地大学校园看整场的学生晚会。表演者们青春洋溢、热情似火,尽管我看得目不转睛,但有些节目我还是没完全看懂。特别感谢张鹏提供照片。请参阅本书3-1回家,真好! 3-4上大学,学什么,怎么学?

▲ 33. 深圳大学南山游学

▲ 34. 深圳大学品牌课结束合影

2018年摄于深圳。针对深圳大学管理学院大一新生，我开了一门"品牌与人生"选修课。一次星期六下课后，我们一起去深圳南山公园游学。结课那天，我们与旁听这门课的老师、同学们合影留念。现在，微信是我和学生们继续保持联系的主要方式。请参阅本书3-10"读大一，我明白了什么？"

▲ 35. 深圳大学 2010 届企业管理专业硕士学位论文答辩会

2010 年摄于深圳。我与深圳大学管理学院早有渊源。与参加 2010 届企业管理专业硕士学位论文答辩会的老师、同学们合影。特别感谢侯莉颖提供照片。

▲ 36. 深圳大学 2017 级学术型硕士生讲座

2017 年摄于深圳。应深圳大学管理学院研究生学生会邀请，我为 2017 级学术型硕士生做入学导研讲座。讲座中谈到，同学们的方向盘可以对准世界，但眼睛一定要"留""神"脚下，因为聪明是在平淡中坚持的结果，下"笨功夫"是"硬道理"。请参阅本书 3-5 学生写论文，导师受考验？特别感谢郑付成提供照片。

▲ 37. 深人是你们的家

2017年摄于深圳。深圳大学管理学院第一次招收外籍博士生。4个来自巴基斯坦的博士生到校后,院里组织了一场座谈会,我结合自己当年在国外的求学经历同他们"拉家常"。请参阅本书3-6"深大是你们的家"。特别感谢郑付成提供照片。

▲ 38. 给新入职年轻教师的建议

2017年摄于深圳。深圳大学管理学院召开新入职教师座谈会。我给新入职的年轻同事们提出了一些建议,祝愿他们更快、更好地适应环境,做好本职工作。请参阅本书3-7给新入职年轻教师的建议。特别感谢叶娘越提供照片。

学院要发展，教工们首先要快乐和健康。管理学院的"天龙八部"（"天天快乐，龙腾虎跃，八大教工俱乐部"的简称），能量自带、发展自趋，对推动学院发展具有很大作用。

▲ 39. 深圳大学建院 20 周年迎新晚会

2017 年摄于深圳。在深圳大学管理学院建院 20 年迎新晚会上，老师们也表演了一个节目 —— 配乐组诗朗诵《写给未来的你》。节目始于一声真切的称呼——"孩子！"表达对"新时代的大学生"的寄望：有理想、有责任、有担当。同事们在朗诵，我的热泪在眼眶里回旋，因为那也是我的心声。请参阅本书 3-1 回家，真好！特别感谢张鹏提供照片。

◀ 40. 深圳大学管理学院"飞人"篮球队

2017 年摄于深圳。深圳大学管理学院男子教工篮球队"飞人"合影。校篮球赛期间，学院通知栏里，篮球队合影格外醒目。路过的管院人都要停下脚步，看上一眼，夸上一句。特别感谢张鹏提供照片。

▲ 41. 深圳大学河源龙川阳光运动

▲ 42. 龙川学宫

2018年摄于河源。深圳大学管理学院阳光运动俱乐部部长于文生老师组织了几位老师周末前往龙川游学，"走到阳光下，走进大自然，了解历史与文化"。佗城龙川学宫始建于唐朝，现存的孔庙建于清朝顺治年间。请参阅本书3-2 天天快乐，龙腾虎跃。特别感谢于文生提供照片。

▲ 43. 深圳大学市场营销系研究讲座

▲ 44. "营销武工队"深圳大学讲座

2017年摄于深圳。深圳大学市场营销系的学术研究气氛很浓，进步很快。某场学术研讨会，邀请"营销武工队"六位成员（都是高校的年轻教师）来系里做讲座后合影。特别感谢郑付成提供照片。

▲ 45. 暨南大学 JMS 深圳大学代表团

深圳大学市场营销系组织 40 余位师生参加在暨南大学举行的 2017JMS 中国营销科学学术年会暨博士生论坛。JMS(营销科学学报 Journal of Marketing Science 的英文简称)是我国营销学学科级别最高的学术期刊，JMS 年会是我国营销学学术交流最高级别的会议。本届年会期间，深圳大学管理学院被增补为 JMS 理事会会员单位，经理事会投票获得 2018 年年会承办资格。年会筹备小组开会现场。特别感谢郑付成提供照片。

▲ 46. 深圳大学市场营销系开会筹办 JMS

2017 年摄于深圳。

◀ 47. "营销武工队"南昌白鹿论道

2016年摄于南昌（白鹿论道）。特别感谢熊小明提供照片。

从2004年开始，我每年都到武汉大学经济与管理学院进行学术交流。"营销武工队"（"营销·武大·工作队"）是在大学任教的武汉大学市场营销与旅游管理系毕业生于2014年建立的一个讨论研究的微信群，每年都举办内部"论道"的学术讨论会。从2018年开始，还"回娘家"办学术分享会。还有几位每年都来香港开"春节研讨会"。

▲ 48. 深圳鹏城论道

2017年摄于深圳（鹏城论道）。特别感谢张宁提供照片。

▲ 49. 智回母校——"营销武工队"珞珈山学术论坛

2018年摄于武汉。特别感谢郑仕勇提供照片。

▲ 50. "营销武工队"香港春节研讨会

2018年摄于香港。请参阅本书2-10心怀感恩，智回母校。

▲ 51. 武汉大学东湖游学

　　我每年都参加武汉大学经济与管理学院市场营销与旅游管理系老师同学们的游学活动。

　　2016年摄于武汉。与博士生们在东湖游学。我们轻松地走着聊，坐着侃。一路上，我问同学们答，或同学们问我答，讨论热烈（互相"讨"教＋议"论"）。请参阅本书1-12道不远人，当下即是。

▲ 52. 木兰不是传说

　　2017年摄于湖北武汉黄陂。为什么中国有好几个被称为花木兰故里的地方？一个周末，我们特地去黄陂的木兰山游学，希望能探出些究竟。请参阅本书4-13木兰不是传说。

▲ 53. 三峡坝上库首第一城寻屈原

2017年摄于湖北秭归。秭归县政府安排老师们去考察特色农产品的品牌建设，为农旅融合发展"把脉问诊"。秭归山水秀丽，是战国时期楚国诗人和政治家屈原的故乡。在我心里，屈原一直是个遥远的历史人物，此行拉近了我与他之间的距离。请参阅本书2-9 三峡坝上库首第一城寻屈原。特别感谢秭归县文化旅游局付华提供照片。

▲ 54. 东湖落雁景区游学

2018年摄于武汉。我与学生们去东湖落雁景区游学。那天，我们讨论的收获之一是"不要活在导师的阴影里，而要成长在导师的阳光下"。请参阅本书1-12 道不远人，当下即是。

▲ 55. JMS 创刊编委会合影

2005年摄于北京。照片第一排的赵平教授（第一届与第二届主编、第三届与第四届理事长）与符国群教授（第三届与第四届主编）都已退任。站在赵老师与符老师中间的是国家自然科学基金委管理科学部的冯芷艳处长。多年来，她对 JMS 提供了大量的支持和帮助，现已退休。请参阅本书 1–23 JMS 拐点：从文化自觉到文化自信。

▲ 56. 教好一个案例，讲好一门课程，办好一个专业

2016年摄于北京。2016年 JMS 中国营销科学学术年会暨博士生论坛期间，华中科技大学的田志龙老师和我组织了一场教学研讨会，邀请三位热心教学、受学生欢迎的老师介绍"门道"。他们是：湖南大学的万炜老师（左一），桂林理工大学的连漪老师（左二），深圳大学的韦夏老师（右一）。请参阅本书 2–8 教好一个案例，讲好一门课程，办好一个专业。特别感谢万炜提供照片。

▲ 57. 暨南大学 JMS 博士生讲座

2017 年摄于广州。2017 年 JMS 中国营销科学学术年会暨博士生论坛期间，我在博士生论坛上做了一场讲座，介绍我的学术道路。请参阅本书 1-7 不离"主"流，不随"大"流（一）。特别感谢廖俊云提供照片。

▲ 58. JMS 暨南大学志愿者

2017 年摄于广州。2017 年 JMS 中国营销科学学术年会暨博士生论坛期间，超过 150 位学生志愿者在会场内外辛勤地为大家服务。他们说，想听我在博士生论坛上做的讲座，可是无法分身。年会结束后的一个下午，我专程去暨南大学为他们补讲。讲座结束后，卫海英老师（第二排右七）、杨德锋老师（第二排左六）、协调志愿者服务的黄赞老师（第二排右一）与廖俊云老师（第二排左五）和我同部分学生志愿者合影。请参阅本书 1-23 JMS 拐点：从文化自觉到文化自信。特别感谢廖俊云提供照片。

▲ 59. 暨南大学《登山观海》签名

2017年摄于广州。2017年JMS中国营销科学学术年会暨博士生论坛在暨南大学管理学院举行。我代表《登山观海：146位管理学研究者的求索心路》全体作者签名赠书。请参阅本书1-3 学到老，活到老。特别感谢刘潜提供照片。

▲ 60. 永远向学生学习

2017年摄于香港。我和我读博时的老师白乐寿（Russell W. Belk）教授一起参加香港理工大学一位博士生的毕业论文答辩。答辩后，曾仕龙（左一，我在香港城市大学指导的博士生，现在香港浸会大学任教）带着他的博士生唐漾一（右一）来跟我们吃午饭。师徒四代同堂，后继有人。请参阅本书1-17 永远向学生学习。特别感谢唐漾一提供照片。

61. "三更灯火五更鸡，正是男儿读书时"

2017年摄于南昌。到江西师范大学瑶湖校区讲学时与赵卫宏老师（左二）和熊小明老师（左一）合影。江西是历史上状元最多的省份之一，文化传承的使命感激励着一代又一代的江西人，而江西师范大学是重要传承者之一。请参阅本书1-9"三更灯火五更鸡，正是男儿读书时"。特别感谢赵卫宏提供照片。

62. 一个教育梦

2018年摄于汕头。汕头大学的地标之一"真理钟"和人物雕像"高瞻·仰俯"，寓意超越自我。李嘉诚先生在对潮汕的故乡情结的推动下，持续资助汕头大学，帮助他人，成就他人，功德无量。请参阅本书4-1一个教育梦。特别感谢郭功星提供照片。

立足中国，与人为善，做一个超越民族主义思维、有世界情怀的人——一个中国的世界人。请参阅本书 1-8 不离"主"流，不随"大"流（二）；2-3 做教学的有心人（二）。

▲ 63. 文章自己写，学问大家做

2016 年摄于日本名古屋。几位我当年指导过的博士生现在在大学任教。我们一起致力于将中国文化应用于营销领域的研究。我们参加一个国际学术会议时合影，左一至左三依次为：张琴，周玲，周元元，右一至右三依次为：童泽林，王新刚，曾仕龙。请参阅本书 1-15 文章自己写，学问大家做。

▲ 64. 札幌游学

2017 年摄于日本北海道札幌。"人生境界"是 2017 年我在香港城市大学退休前的"收官课"。因此，修这门课的城市大学 EMBA（中文）2016 春季班的 12 位同学说，他们是我在城市大学的"关门弟子"。汪勇老师（右五）和我与同学们在札幌游学时留影。

65. 无心之过，有心之为 ▶

2017年摄于加拿大多伦多。我与多伦多紧急医疗服务队一位不知姓名的急救员合影。我在多伦多闹市区被蜜蜂蜇了一下，但幸运的是，我得到了一幢公寓楼工作人员与这位急救员的热心照顾。请参阅本书4-20 无心之过，有心之为。

66. 学到老，活到老 ▼

2017年摄于福建三明。我回家乡福建沙县，与四十多年前父亲的同事詹石安先生及他的家人合影。那时，他是我父亲最得力的帮手。他常说，我父亲与他之间的关系不像上下级，更像父子。请参阅本书1-3 学到老，活到老；《登山观海：146位管理学研究者的求索心路》后记。

▲ 67. 华夏文化与现代管理

1997年摄于香港。我在香港城市大学市场营销学系工作时，游汉明教授建立的华人管理研究中心召开"华夏文化与现代管理"国际学术研讨会，我应邀在会上致辞。请参阅本书 1-8 不离"主"流，不随"大"流（二）。

▲ 68. 与杨国枢先生合影

2000年左右摄于香港。20世纪的最后20年间，台湾本土心理学在杨国枢与文崇一两位先生推动下，蓬勃发展，留下不少有学术意义与时代价值的专著。这是我请杨国枢先生来香港指导我们时的合影。请参阅本书 1-8 不离"主"流，不随"大"流（二）。

▲ 69. 河南观星台

2018年摄于河南登封。登封观星台是中国现存唯一保存完好的古天文台，在世界天文史与建筑史上都具有极高的价值。1961年被国务院公布为第一批中国重点文物保护单位。请参阅本书4-7 为什么河南人经常说"中"？特别感谢吴宏宇提供照片。

▲ 70. 中国传统文化与营销理论建构论坛

2018年摄于大连。自2016年开始，东北财经大学营销与流通研究中心开始举办"中国传统文化与营销理论建构论坛"，力图搭建一个跨学科的学术交流平台，推进中国本土营销理论的研究。到2018年，论坛已经举办了三届，共有二百多位学者和研究生参加。张闯教授是论坛发起者（右一）。我每年都参加。请参阅本书1-23 JMS拐点：从文化自觉到文化自信。特别感谢张闯提供照片。

▲ 71. 香港城市大学羽毛球队的不败之谜

2017 年摄于香港。香港城市大学羽毛球队在周日光教练（第二排左二）的带领下，自 1995 年起至 2018 年，男队几乎每年都夺得香港大专体育协会羽毛球比赛团体冠军（只有 2009 年一次"失手"），女队自 1994 年起至今，共夺得 12 次团体冠军。请参阅本书 4-15 香港城市大学羽毛球队的不败之谜。特别感谢周日光提供照片。

▲ 72. 游笔架山 1

2017 年摄于香港。在香港城市大学工作的 23 年间，我经常与同事、学生去海拔 458 米的"后山"笔架山游学。我与 EMBA（中文）2016 春季班的段翔明、林英俊、汪丹、魏东金同学去的那天，天气非常炎热，我们每个人全身都湿透了。翔明说："我们想成为什么样的人，可能不在于能力，而在于选择。"东金说："上山容易下山难，上山靠勇气，下山显智慧。"请参阅本书 4-6 登山可致远：香港城市大学退休有感（二）。

▲ 73. 游笔架山 2

2017 年摄于香港。梁启超说："野蛮其体魄,文明其精神。"体魄需强健,精神需文明,登山或可兼二者之长。严厚明老师(第二排右二)、杨海滨老师(最前者)和我与学生们去笔架山游学。

▲ 74. 游笔架山 3

2017 年摄于香港。上笔架山有一两条我偏爱的"蹊径",隐没在树丛与杂草之间,没有任何标记,有些地方甚至无路可走,须攀岩或钻树丛才能前进。我很少带人走这样的路线,为确保安全,不仅需要良好的体能与技巧,而且经常要手脚并用,甚至还要"未雨绸缪",不时提前考虑三步以上的路。只有王新刚老师(右一)、童泽林老师(右二)和曾兴敏老师(左一)等跟我走过。

Events/项目	Position /名次	1	2	3	4	5	6	7	8
100M (12.45")	姓名/Name	劉廷蔣	陳健東	朱健恒	梁炳輝	戴藝軍			
	系/部 Dept/Div.	SCOPE	SCOPE	SCOPE	SCOPE	SCOPE			
	成績 Result	13.67"	14.51"	14.58"	16.05"	16.19"			
800M (2'15.24)	姓名/Name	梁炳輝	莫永浩	陳煒文					
	系/部 Dept/Div.	SCOPE	SCOPE	SCOPE					
	成績 Result	3'25.94"	3'28.31"	3'49.18"					
5000M (17'22.39")	姓名/Name	徐慧龍	周南	Tim Chung	楊嘉倫	周日光			
	系/部 Dept/Div.	MGT	MKT	ELC	CS	SDS			
	成績 Result	20'51.12"	21'49.53"	23'04.51"	23'08.56"	25'02.60"			
4x100M 系際接力 (53.36")	單位 Unit	FITs							
	成績 Result	56.62"							

▲ 75. 香港城市大学第 10 届"陆运会"5 000 米成绩

2003 年制作于香港。2003 年 10 月 26 日,我参加香港城市大学第 10 届"陆运会"教工男子组(不分年龄)5 000 米长跑比赛,获得第二名,成绩是 21'49.53"。我当年 51 岁。

▲ 76. 深圳大学运动会 1 500 米冲线

2017 年摄于深圳。憋气,冲线!2017 年 12 月 6 日,我参加深圳大学 2017 年田径运动会,由于长跑只有 1 500 米项目,我报名参加教工男子乙组(40 岁以上,1977 年 1 月 1 日以前出生)1 500 米长跑比赛,八人参赛,我获得第八名,成绩是 9'39.25",同组比赛的运动员没有比我年纪更大的。我当年 65 岁。

我跑步的速度虽然已经慢了很多,但至今仍然积极参加运动,"不求有功,但愿无过"。虽然逆水行舟,不进则退,但有心还要有力,一定不能蛮干。请参阅本书 3-2 天天快乐,龙腾虎跃;4-18 人生不过三"历":学历、阅历和病历?

77. 中山大学（1981）▶

1981 年摄于广州。

1981 年，我考上教育部出国研究生后，在教育部设在中山大学的广州英语培训中心（简称 GELC）接受过半年培训。那年我 29 岁。曾在校园里的孙中山铜像前留影。2016 年，王海忠教授邀我去中山大学做讲座时，我又在孙中山铜像前留影。35 年，白驹过隙。我希望自己已经从一个"身份上的中国人"成长为一个"精神上的中国人"。我仍在思考：到底什么是"知常曰明"（《道德经》第十六章）。

78. 中山大学（2016）▶

2016 年摄于广州。

▲ 79. 昆明 2018 年中国高校市场学研究会学术年会

2018 年摄于昆明。2018 年中国高校市场学研究会（CMAU）学术年会暨博士生论坛在云南财经大学举行。聂元昆老师（第二排左四）、王旭老师（第二排右四）、崔海浪老师（第二排右三）、童泽林老师（第二排右一）和我与会议的部分学生志愿者合影。

"外与天际，四望如一。"希望在青年人身上！请参阅本书 1-23 JMS 拐点：从文化自觉到文化自信。特别感谢崔海浪提供照片。

Journey of a Chinese Marketing Scholar: A Message from the *Dao De Jing*

About the Author

Nan Zhou was born in Gutian, Fujian province, China in 1952. He was among the generation of Chinese whose high school education was interrupted due to the start of the Cultural Revolution in 1966. This historical event contextualized the special titles of his educational statuses afterwards. First as an "intellectual youth" at the age of 16, he went to work as a peasant for almost six years. He then worked as an apprentice carpenter for about one year, after which he was sent off to Fuzhou University as a "worker-peasant-soldier" student. He passed the national examination for overseas graduate study organized by the Ministry of Education in 1981. Consequently, he earned an MBA from Idaho State University in 1984 and a Ph.D. in Business Administration with a major in marketing from the University of Utah in 1987. He taught at University of Utah and Acadia University in Canada until 1994, and was a professor in the Department of Marketing at City University of Hong Kong until June 2017.

He is currently a professor in the Department of Marketing at Shenzhen University in China.

In 2007, he was appointed as a Changjiang Scholar Chair Professor at Wuhan University, China. He was the first Changjiang Scholar Chair Professor in the area of Qi Ye Guan Li (Enterprise Management) appointed by the Ministry of Education of China.

Book Description

The *Dao De Jing*, a classic of Chinese philosophy, literally means "The Classic of the Way and Virtue". Its authorship has been attributed to LaoZi.

The present book consists of 66 essays grouped into four sections:

1. Knowing others is intelligence; being a hard-working learner.
2. Knowing the self is enlightenment; being an open-minded teacher.
3. Returning to the root is serenity; returning home is auspicious.
4. Knowing the eternal is wisdom; being a good global citizen.

目录

致谢		4
前言：看山是山，山外有山		6
第一部分	知人者智：刻苦求学	1
1-1	为学若登高	2
1-2	春分寄语年轻学子	4
1-3	学到老，活到老	6
1-4	珍惜春光，为振兴中华刻苦学习 ——新学期寄语同学们	8
1-5	哦，爱达荷州立大学！哦，波卡特洛！ ——照片唤起一位国际校友的美好回忆	10
1-6	看美国"表演"，练中国"功夫"	12
	附录：外交大使	14
1-7	不离"主"流，不随"大"流（一）	16
1-8	不离"主"流，不随"大"流（二）	18
1-9	"三更灯火五更鸡，正是男儿读书时"	20
1-10	2018年元旦寄语：碎片化学习，值得鼓励	22
1-11	"老师，我担心论文写不出来！"	24
1-12	道不远人，当下即是	26
1-13	当年我为什么要博士生们学游泳？	28
1-14	读博什么最难，如何解决？	30
1-15	文章自己写，学问大家做	32
1-16	学者发文章，智者出思想	34
1-17	永远向学生学习	36
1-18	与君一席话，胜读十年书	38
1-19	文章千古事：遗物，文物，文献	40
1-20	学问三层楼：影响力，凝聚力，生命力	42
1-21	悟：渐悟，顿悟，恍然大悟（一）	44
1-22	悟：渐悟，顿悟，恍然大悟（二）	46
1-23	JMS拐点：从文化自觉到文化自信	48
1-24	美国是一面镜子	50
第二部分	自知者明：虚心为师	53
2-1	教书匠，老师，教育家	54
2-2	做教学的有心人（一）	56
2-3	做教学的有心人（二）	58
2-4	大学新教师工作关系中的差序格局（一）	60
2-5	大学新教师工作关系中的差序格局（二）	62
2-6	年轻教授，起步抓紧，五年"安身"	64

2-7	开门学生，关门弟子	66
2-8	教好一个案例，讲好一门课程，办好一个专业	68
2-9	三峡坝上库首第一县寻屈原	70
2-10	心怀感恩，智回母校	72
2-11	差序格局，万变不离其宗	74
2-12	只要有名气，就能摆架子？	76

第三部分	归根曰静：归来为吉	79
3-1	回家，真好！	80
3-2	天天快乐，龙腾虎跃	82
3-3	"周老师"，而不是"周老"	84
3-4	上大学，学什么，怎么学？	86
3-5	学生写论文，导师受考验？	88
3-6	"深大是你们的家"	90
3-7	给新入职年轻教师的建议	92
3-8	认真教研，用心学研	94
3-9	大学生要看得远一点：本科生、硕士生、博士生，大同小异	96
3-10	"读大一，我明白了什么？"	98

第四部分	知常曰明：四望如一	101
4-1	一个教育梦	102
4-2	高高在上，为人着想	104
4-3	人虽走，茶未凉	106
4-4	龙马精神"看"世界，驴不停蹄"混"日子？	108
4-5	登高若为学：香港城市大学退休有感（一）	110
4-6	登山可致远：香港城市大学退休有感（二）	112
4-7	为什么河南人经常说"中"？	114
4-8	金庸实现不了的第四个理想	116
4-9	李小龙要钱，叶问要命？	118
4-10	自古以来，英雄难过美酒关？	120
4-11	鬼才蒲松龄：道听途说，游山玩水，装神弄鬼	122
4-12	闭门画花，走马看花，下马观花	124
4-13	木兰不是传说	126
4-14	"蓝蓝的天空银河里，有只小白船"	128
4-15	香港城市大学羽毛球队的不败之谜	130
4-16	孩子开心，父母安心，企业放心	132
4-17	不求永生，但愿不败	134
4-18	人生不过"三历"：学历、阅历和病历？	136
4-19	请我吃大餐，不如跟我上山	138
4-20	无心之过，有心之为	140

《道德经》索引	142
地名索引	143
学校名称索引	144
人名以及其他索引	145

致　谢

　　本书在写作与出版过程中得到很多人的直接帮助。**我特别感谢童泽林**，他精心地修改了书中大多数文章，推敲文中细节与润色文字措辞。我特别感谢徐岚、彭璐珞、王新刚、周玲、周元元、张琴、周志民、曾宪聚、张宁、陈瑞霞、郑付成、余利琴、刘纯群、朱丽雅，他们用心地修改了书中部分文章。我特别感谢郑付成，他热心地拍摄了封面照片。我特别感谢刘纯群，她细心地编排了索引。

　　我还要感谢与每篇随笔"消息"来源有关的人，他们是文中主角、我"学问人生"的同行者或照片的提供者，我将他们的名字一一列在相关随笔篇末的"特别感谢"中，他们是：陈鑫，池韵佳，王峰，王辉，王璐，王雪华，肖振兴，杨德锋，李妍菲，蒋青云，彭泗清，赵卫宏，熊小明，苏晨汀，潘雪怡，黄健彦，陈香，龚宇，贾煜，简佩茹，刘洪亮，刘子源，罗杨，王锦堂，王薇，叶青，郑仕勇，廖俊云，闫泽斌，姚琦，郭昱琅，陆雨心，刘晨晨，陈劲松，胡琴芳，金珞欣，王凤玲，张慧，于雪，伍健，王勇，王伊礼，王进，余樱，李苗，欧波，沈璐，解尚明，张汀，郑斯婧，朱潇璇，唐漾一，曾仕龙，白乐寿，史蒂文·斯梅尔，景祥祜，王琳琳，余承科，潘海波，王庆涛，卫海英，赵平，符国群，冯芷艳，范秀成，窦文宇，张云，郭咏琴，高崇，陈雪，马卫红，张良波，董维维，贾芳，冉雅璇，胥兴安，张闯，马晶，田志龙，万炜，韦夏，连漪，周凌云，尤华敏，桑祖南，吴思，沈作霖，黄静，张广玲，孙建超，李小玲，刘洪深，黄敏学，崔楠，郑佳仪，林晓珍，余晓文，胡杨洋，吴雨枫，陈韵琪，江国芳，魏华，许浒，黄秋霖，李宝国，刘世雄，刘青叶，李慧子，魏晓程，郑晓璇，韩颖钧，刘泳锋，叶娘越，潘燕萍，杨帆，杨翮翮，杨雯，曾永乐，丁婉玲，李丽，于文生，潘燕春，牟琨，蒋建武，张庆宇，牛奔，Jafar Hussain，Saqib Zulkaif Ahmed，Rana Muhammad Sohail，Shahid Mahmood，刘军，游汉明，霍信昌，王红，郭海男，钱小虎，范壁，林美燕，马品，桂丹阳，周影辉，赖伟军，吴进进，刘雁妮，林凌宇，郭功星，曾宪扬，徐二明，郑杰华，杜建刚，费显政，张伟伟，段翔明，冯小亮，白寅，蔡树堂，丁晓楠，董滨，董伶俐，董晓松，何泽军，胡沛枫，金焕民，李耀，刘长国，刘好强，刘红阳，马杰，马勇，穆健康，牛全保，申海波，王殿文，吴宏宇，袁靖波，许颖，陈友华，张新发，郑煦，周宝君，王英，赵子洲，王毅，谢庆红，付晓蓉，李永强，张音，段明贤，肖风桢，陈全，张婷，肖皓文，江宏飞，周日光，周伟健，黄彦生，李业发，杜鹏，董勤，梁伟成，李娟，毕岑，侯莉颖，张鹏，付华，刘潜，崔海浪，蔡益书，丰超，冯文婷，简予繁，薛健平，战歌。

我衷心感谢贾米娜编辑，她对本书进行了专业而细致的编校，北京大学出版社经济与管理图书事业部的林君秀主任及其他同事也提出了不少有益的修改建议。这是我们七年间第四次颇有成效、愉快的合作。

本书写作过程中参考、借鉴了大量前人著作与学术文献，许多前辈、老师、同学、同行、朋友们提出了宝贵建议。我在香港城市大学、武汉大学、深圳大学的同事们也给了我莫大的鼓励。在此，我一并致以诚挚的谢忱。

最后，感谢先父周力行和先母刘冰心给予我灵感；感谢妻子林小荣和女儿周林、林安娜给了我无限的鼓励与支持。

周　南
2018 年 8 月

前言：
看山是山，山外有山

"学问人生"，究竟是指"学问的人生"，还是"人生的学问"？

"学问"与"人生"，互为阴阳。用山作比喻，"学问"之山与"人生"之山，相互交错，看山是山，山外又有山。"学问"之"山"小，"人生"之"山"大，"学问"关乎"事"，"人生"关乎"人"，**"事"在"人"为**，做学问的道理遵从做人的道理，才可能"心"想"事"成；反之，也可以说，"人生"之山"小"，"学问"之山"大"，庄子说，"吾之生也有涯，而知也无涯"。

山山有路，合而为一。整整40年前，1978年8月，我从福州大学毕业时，偶然被指定留校当助教。起初，当教师只是个养家糊口的**职业**。后来，我爱上了这个职业，它变成我安身立命的**事业**。再后来，工作与生活打成一片，事业与**人生**水乳交融。2017年是最新的转折点，我从香港城市大学退休，加入深圳大学。**我的"'山'路历程"，从当年的"安居乐业"到"安身立命"再到今天的"安心自在"。**

如果你在思考自己的人生应该如何度过，要怎样才能更幸福，这本书也许可以提供某些启发。或许你会说：我不是"做学问"的，书中的"书生之谈"或"口传心授"对我不一定有帮助。我的回应是，首先，**幸福是种内心的能力**，跟一个人"做什么"没有关系；再者，三百六十行，行行都在"做学问"，都是"载道之器"。**每个人都一样，无论是"做什么"的，都是通过自己对"学问人生"的探索，寻找一条通往"幸福"之道。**

本书由我自1983年以来写的一部分随笔结集而成，与求学、治学、人生经历以及哲学思考有关。结合当下大学生（主要是硕士生与博士生）、大学教师（包括青年教师）经常遇到的问题和困惑，根据自己的体会、观察、实践和思考，提供一些参考；同时广引博采，大量引用各行各业的师长、同事、学生分享的心得。每一篇都借老子的《道德经》来诠释。

书分为两大块、四部分，共计 66 篇。66 篇是因为我今年 66 岁。其中，61 篇是 2016 年《登山观海：146 位管理学研究者的求索心路》成书以后完成的，而这之中 47 篇是 2017 年从香港城市大学退休、加入深圳大学以后完成的。**两大块是"钻研学问"与"思考人生"**。"学问"的主题是"了解自己，做好自己"，分为"当学生"与"当教师"两部分；"人生"的主题是"回归中国，融入世界"，分为"海归深大"与"后顾前瞻"两部分，继续"登山观海"之路。

第一部分，知人者智：刻苦求学。这一部分有 24 篇。**求学没有捷径，首先要努力，才可能碰上"运气"**。这里既有我自己的体会，比如，"看美国'表演'，练中国'功夫'"，"不离'主'流，不随'大'流"，怎样"渐悟，顿悟，恍然大悟"，为什么"碎片化学习，值得鼓励"，以及"当年我为什么要博士生们学游泳？"；也有我收集的学生们的感想，比如，"老师，我担心论文写不出来"时的"怎么办？""读博什么最难，如何解决？"。有一篇是关于我与 1966 年菲尔兹奖得主史蒂文·斯梅尔教授的一次见面，意想不到的收获是我"建立"起了中国古代哲学家老子与希腊古代哲学家赫拉克利特之间的"链接"。

第二部分，自知者明：虚心为师。这一部分有 12 篇。年轻同事问我：怎样才能成为一位好教师？我用几个自己耳闻目睹的例子，区分"教书匠，老师，教育家"，回答他们的问题。中国人相处按"亲疏远近"形成"差序格局"。我询问了八位近年博士毕业进入大学任教的年轻教师，把他们的回复整理成"大学新教师工作关系中的差序格局"。我向 2017 年从五所高校毕业的六位年轻教授了解研究进展，写成"年轻教授，起步抓紧，五年'安身'"一文。我幸运地与三位热心教学、受学生欢迎的老师结缘，将他们的宝贵教学"门道"写成"教好一个案例，讲好一门课程，办好一个专业"一文。我也回顾了自己当教师的经历，认为对教学与研究都要有心，而且要虚心，才能成为好教师。

第三部分，归根曰静：归来为吉。这一部分有 10 篇，都是我加入深圳大学以后写的。1982 年我去美国留学，如今重新成为内地大学大家庭的一分子，拾回大学年代的纯真情怀，继续成长之路。"回家，真好！"与"天天快乐，龙腾虎跃"讲的是我在深圳大学管理学院大家庭中，与活力四射的老师同学们相处的感受。这一学年，我在院里做了八场讲座与演讲，其中四场的内容收在这里。在教课时，我"结交"了 13 位大一学生，与他们建立了"同学"关系。有一篇文章是分享他们的成长与收获，题目是"'读大一，我明白了什么？'"。

第四部分，知常曰明：四望如一。这一部分有 20 篇，内容五花八门，应该叫"散记"。有的是写古人的，比如"自古以来，英雄难过美酒关？""鬼才蒲松龄：道听途说，游山玩水，装神弄鬼""木兰不是传说"；有的是写今人的，比如，"一个教育梦"

"金庸实现不了的第四个理想""李小龙要钱,叶问要命?""孩子开心,父母安心,企业放心"。有些是写外国人的,比如"高高在上,为人着想""人虽走,茶未凉"。有一篇叫"为什么河南人经常说'中'?",在微信群里流传时,许多读者说我是河南人民的好朋友。

我青少年时期喜欢唱的一首歌里有这样的歌词:"只要汗水勤灌溉,幸福的花儿遍地开"(电影《我们村里的年轻人》插曲)。回顾我的"学问人生",我希望,自己已经从一个"身份上的中国人"成长为一个"精神上的中国人"。"外与天际,四望如一"(柳宗元《始得西山宴游记》)。立足中国,与人为善,超越民族主义思维,有世界情怀。今天的我,想做一个"中国的世界人"。

少年的萌,青年的心,中年的定,"奔七"的梦?

学问人生,永无止境。不由地,想起了在海拔3 300米的云南香格里拉大佛寺牌匾下看到的两句诗:"到此已穷千里目,谁知才上一层楼!"

为方便读者阅读时查找、参照,书中附有《道德经》索引,以及地名、学校名称、人名及其他索引。同时,还配有79张照片,以便读者"感同身受"。

谬误之处,敬请斧正。

周　南

2018年8月

第一部分

知人者智：刻苦求学

1-1 为学若登高

2017年春天来得早。一个风和日丽的下午，我和几位年轻的商科博士生去香港城市大学的"后山"笔架山游学。我们边走边聊，学生们想了解我走过的学术道路，以及我（以下简称"周"）对他们的建议。

学生：您的学术之路是怎么走过来的？

周：就像登笔架山一样，**"人往高处走"**。

学生：请讲具体一些。

周：**我一直想成为一个真正的"学人"，但对何为"学人"的理解则在不断变化：最初想成为有一点知识的人（"Literate"）；接着想成为有一点学问的人（"Knowledgeable"）；现在想成为有一点智慧的人（"Wise"）。**"知"是"知晓"某件事物，"识"是"识别"该事物与其他事物的不同，都属于"识字"的范畴，在表层；"学"是"学人家"，"问"是"问自己"，都要用脑、用心、由表及里，是更深、更高层次的"识字"；智慧则是一门更深、更高层次的学问，**对生命有"感""悟"**。下次我可能会用另外三个词，但层次和意思都是三个。

学生：为什么？

周：因为它们分别代表**"学人"的三个层次，从"地"到"人"，再到"天"**。

你们看，"人"字的顶点代表"天"，下面的两个支撑点代表"地"，中间的一撇一捺顶天而立地，这才成为"人"。只有脚踏实地，人方可站稳脚跟。

学生：这跟学术有什么关系呢？

周：按照前辈历史学家严耕望（1916—1996）的说法，做学问想有大成就，需要经历从**"博通"**到**"专精"**的过程，合称"精通"。我们知道，**博者不一定通，但通者一定博；专者不一定精，但精者一定专**。

你们正在读"博"士学位，要"通"修多门课，这是"地"的层次；接着选"专"业方向，到达"人"的层次；毕业后从"专"向"精"迈进，希望到达"天"的层次，有大成就。

大学者们"精通"某一行,"精"在上,"通"在下。这种"通"表示本专业的基础扎实,"小""博通";若下面还有一层"大""博通",即"博古通今",则"地"更厚更重,能"顶"更高更远的"天"。我们敬佩的那些前辈大学者,哪一个不是这样?我们对他们"尊"和"敬",而他们是从学问基础的"厚"和"重"起步的。他们都具备很强的人文和哲学素养的"底气"。他们既"眼高"(创新),又"手低"(接地)。现在主持国家级大项目的专家学者大都具备这样的"手""眼",他们的**项目和专业"挂""靠"某个学科,但纵贯横通很多学科**。我们将他们作为典范。

学生:能不能结合营销学讲一讲?

周:营销三层次,先是"学营销"(或技术),接着"创品牌"(或营销),最上层是"感悟生命"(或品牌)。

学生:这是您的亲身体会吗?

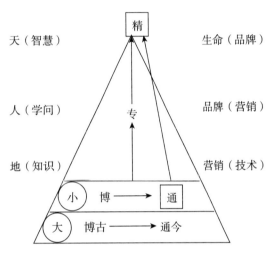

周:是。我读博士学位时研究广告,毕业后还研究广告,用的主要是内容分析法。开头这样做的一个主要原因是当学生时没有研究经费,但广告可以自己分析,不花钱或花一点点钱也可能出成果。1984年我开始读博士学位时,犹他大学商学院给我发助研生活费,每学季(Quarter)两千美元,一年三学季,共六千美元,夏季不发。后来,明白广告是营销的一部分,是用来支撑品牌的,就将精力转向研究品牌。五十岁左右时,开始明白**品牌的灵魂是文化**,比如可口可乐和耐克都是世界级品牌,灵魂都是美国文化的"自由"价值。所以,我现在研究中国文化,想继续一步步往高处和深处走。中国的世界级品牌正在逐渐成熟,将来我也会讲更多这些品牌的例子。

聊天中,我告诉他们,《道德经》第四十八章说:"为学日益,为道日损。"或许可以理解为"求学不断增加知识,求道不断减少妄见"。他们现阶段"为学"更多,更"务实";而我现在以"为道"为主,更"务虚"。目前,更多时候是他们提问,我作答。这样的互动有益,能令我了解他们的想法,吸收"养分",也不停地帮我理思路与成长,同时也帮助他们成长。

我相信,一起游学多了,一定在有些方面更多的是我提问,他们作答。其实,在有些方面,学生们已经是我的老师。比如,面对互联网,我经常手足无措,要学生们带着,才上得了"信息高速公路"。这是网络时代具有的典型特征——"文化反哺"。

一起"游",一起"学",互为师友和"同学",一起进步,不亦乐乎。

2017 年 3 月 1 日

1-2　春分寄语年轻学子

今日春分。值此农历节气，我不禁想起四十多年前插队随父亲下田时，他多次提过的两句农谚**"春不耕，秋无望"**以及"种瓜得瓜，种豆得豆"。前一句讲严酷的现实，"耕"是"耕种"，"望"为"希望"，春天若不及时耕地播种，秋后将可能无米下锅。后一句讲美好的愿望，即付出多少就收获多少；虽然"种瓜"不一定能"得瓜"，"种豆"也不一定能"得豆"，但如果"不种"，就一定"不得瓜""不得豆"。无论种瓜种豆，"耕"和"望"之间的关系都服从自然规律，必然是**吃苦在先，才可能享甜在后**。父亲言轻意深，当时我似懂非懂。

后来，我进了学术界谋生。教育与农业，虽隔行如隔山，但上面两句农谚的道理一样适用。我记住了父亲的话，为了饭碗，一直不马虎，结果不仅"混到了一碗饭吃"，好像还"混出了一点人样"。转眼已经六十五岁，但仍然满腔热忱地"笔耕"，不觉老之将至。

抓住时机，先走一步，多走一步，才更有希望。这不只是我一个人的体会，众多我认识的年轻人（主要是博士生）也感同身受。为什么有些博士生，读博前被称为"学霸"，但却无法顺利毕业？导致他们遭遇如此的原因各不相同，有主观因素使然，亦有客观因素影响。但对他们当中的部分人来说，一个重要原因是：适逢"春雨"时，并未如 *Singing' in the Rain*（《雨中曲》，1952 年出品的美国歌舞电影）中的人物一样，于风雨中高歌前行，而是因大雨滂沱而踟蹰不前。

人生难免经历风雨，学术路亦如此。从我去年主编的一本书（《登山观海：146 名管理学研究者的求索心路》）中找例子吧。这本书的作者主要是博士生和大学老师，他们中不少人谈到自己读博期间的挫折和困窘。发表学术论文是读博毕业的一个重要条件。一位作者写到，由于自己阅读速度慢，对文献中的研究方法也仅一知半解，研讨会上老师和同学们热火朝天地讨论时，自己一句话也插不上。因为不自信，即使有了一点研究想法也不太敢大胆与别人交流讨论。另一位作者说，由于论文一次又一次被老师、同学批判和否定，结果论文写完也不敢轻易投出。还有一位作者说，觉得自己"无知"后,害怕向老师汇报,想放弃。还有作者说,自己变得自卑,还偷偷地哭过。有几位作者过去是我的学生,说曾被我问到"无言以对""胆战心惊",有时甚至"一整天都沉浸在悲伤苦闷当中"。

负面情绪可以严重影响研究进度。还好,他们后来都调整了过来。有一位作者说,"开始学着'走出自己的世界'",从"路边"进到"门里",慢慢地"上了路",摸出了"门道"。另一位作者说:"如果为了资格论文和大论文而迷茫、焦虑,不妨试试先从小成果、小进步开始。一方面,积累基础;另一方面,铸就信心。"还有一位作者写到,后来收到期刊拒信,"虽然痛苦,但(信中)一般都会伴有这个领域两三位专家非常宝贵的意见。先搁置几天,等心情稍微平静之后再去看,或许可以根据这些意见修改原稿,然后投给下一个杂志"!**我也不例外,向学术刊物投论文时经常"碰钉子"**,有些文章也是投了好几个刊物后才发表。因此,正如我曾在几所大学所做的"**做研究易,发文章难**"讲座中所言,"胜败乃兵家常事",除非你不想"混"学术"这碗饭"了,否则,只有"**屡败屡战,越战越勇**"这条路。**只有出发的动机并不够,还要保持前进的动力。**

昨天香港下雨,晚间方停。今早出了太阳。刚才"偷闲"间,我从位于10楼的办公室的窗口向外看,远处的一棵木棉树,花开得正红正旺。春雨有时冷飕飕,但可以醒神。木棉树好像是被春雨醒了神,比前几天开得更旺了。立春一个多月后,春天真的来了!

"**千里之行,始于足下。**"(《道德经·第六十四章》)学问路永远是"千里之行",永远"始于足下"。春风浩荡,我愿和各位读者,将春分这个日夜平分的日子作为一个起点,把握时机,辛勤播种耕作;到秋分那日夜又等长的时节,于爽爽秋风中,有所收获。

我又往窗外看了一下,太阳越发明耀了,春风也越发和煦了。

陶渊明(约365—427年)说:"勤学如春起之苗,不见其增日有所长。辍学如磨刀之石,不见其损日有所亏。"

各位,**心动不如行动**啊!

2017年3月20日

特别感谢:陈鑫,池韵佳,王峰,王辉,王璐,王雪华,张琴,肖振兴,周玲,周元元

1-3 学到老，活到老

2017年JMS中国营销科学学术年会暨博士生论坛（以下简称"年会"）11月将在暨南大学管理学院举行。博士生论坛（以下简称论坛）是展示中国营销学学科博士教育水平的一个平台，也是凝聚学科希望之所在。杨德锋教授发邮件给我，邀请我为博士生论坛做一场30分钟的讲座，分享读博与研究的经验。

在论坛举办的早期，我曾连续几年主持或参与论文评审工作。当时，不少博士生缺乏经费。为此，我请我的学生香港企业家陈振东先生赞助。振东慷慨地捐出30万元，连续5年每年资助6万元，一部分用来补贴博士生们参加论坛的路费和食宿费，另一部分作为获奖论文的奖金。这笔不冠名的善款令超过100名青年学子受益。这批博士生，毕业后大多入职高校，早已成为中国营销学学者的中坚力量。

"花有重开日，人无再少年。"近几年我仍然常为获奖论文颁奖，但早已淡出论坛。去年10月，去北京大学参加上一届JMS年会，有老师"提醒"我，我应该是参会人员中最早获得营销学博士学位的（1987年），可能也是其中年龄最大的（64岁）。

接到杨老师邀请的第二天，我回家乡福建沙县过国庆节。路过一所中学时，看到一条标语："要为成功想办法，不为失败找理由。"这条标语让我沉吟良久，略改几字，以形容我读博的心路历程。虽然"胜败乃兵家常事"，但我当年想的不是"胜利"/"成功"与"失败"，而是"出路"与"挫折"。

要为未来寻出路。读博并不是我的初衷，而是因缘际会的结果。我16岁到沙县农村插队，由于没有"靠山"，与招工一直无缘。每天做完农活后，身体疲乏，内心苦闷。无奈之中，希望找到一条出路。我选择了读书，梦想重返中学，从未想过"成功"二字。幸运的是，无望时的"想做就做"（Just do it）没白费。谁能想得到，前面种的瓜，后来结出豆来了呢？上天眷顾，只读过一年中学的我，几年后，竟然作为工农兵学员上了大学，毕业后又留校当助教，还被国家送去美国留学。念工商管理硕士（MBA）时，我想毕业后继续提升学问，自然而然地报读了博士学位。这一切，都并非预先规划的。所以，将上文提到的标语的前半句改为"要为未来寻出路"，更适合我当年的情况："要"字当头，一步一步地从"未""寻""来"。这里，**"要"最重要，因为路是人走出来的**。"寻"什么呢？应该是天时、地利、人缘，此三者，是"未"与"来"两个字都有的下面的三划。什么对未来有帮助，就"寻"什么。如果运气好，"未"加两点就成了"来"。

"烈士"（曹操52岁时在《龟虽寿》一诗中的自称）不提当年勇，但不忘当年囧。回首看，**求学要耐得住寂寞，成长需经得起风雨**。"千里之行，始于足下。"（《道德经》第六十四章）**日积月累，或许有收获**。在沙县县城与柱源村，见到了几个儿时的同学。大家已不是昔日少年的相貌，走在街上也不一定马上就能认出彼此。他们都已退休，享受着快乐的闲散日子。我仍在从教，却也很快乐。走学术路或许是我的命中注定。

不为挫败找借口。标语的后半句是"不为失败找理由"。我们常说的"失败"，有时可能只是挫折，就像登山路上的坎。读博当中也有很多坎。怎么跨过这些坎呢？近年接触的高校青年教师中，有些女老师讲，"博士学位是'哭'出来的"；有些男老师说，"博士学位是'熬'出来的"；有些"吃货"表示，"博士学位是'吃'出来的"。中南财经政法大学的王新刚老师说，他在武汉大学读博时，吃饭时和同学们一起讨论，所获得的研究思路和得到的鼓励，对他"攻下"学位起了很大的作用。同样毕业于武汉大学现任教于湖南大学的王峰老师说，他的第一篇论文是跟寿志钢老师喝茶谈起的，另一篇论文是跟黄敏学老师在酒桌上想起的，第一篇英文论文则是跟方二老师在饭桌上聊起的。因此，他总结说，读文献是学菜谱，熟悉食材，想选题是拼菜谱，组合食材，之后写论文是煮出喜爱的"萝卜青菜"来（请参阅《登山观海：146位管理学研究者的求索心路》2-42 多想，多读，多投）。

"失败"必须找原因，而不是找借口。分析原因，总结教训，吃一堑，长一智。能把博士读下来固然可贺，**如果不适合读博士，或者实在过不了这个坎，识时务者为俊杰，绕开它，换条路走吧**！这只不过是人生路上的一个坎而已。

学到老，活到老。如果梦想是读博，"万一"梦想成真，博士学位"到手"，接下来该怎么办？大多数人会选择继续走学术道路，也有些人选择进入其他行业。但无论走哪条路，都要记住：**文凭不过一张纸，终身学习才幸福**。

"纵有千古，横有八荒"（梁启超《少年中国说》），永远好奇，不断求知。人们常说："活到老，学到老。"意思是"生命不息，学习不止"。这句话我却喜欢倒过来讲："学到老，活到老"，意思是"若能学到老，应能活到老"。学习是件快乐的事，能使人活得更好。读书令人不断地保持体力、训练脑力和提升心力。这些磨炼，有助于提升我们的生活品质，让生命充满精神的愉悦，越来越精彩。

30 分钟时间不长，我想先写下这些"老生常谈"，发到年会的微信群里，分享给博士生们，抛砖引玉，算是给讲座"预热"。

只是，想说的话好像都在这里了，讲座时讲什么好呢？

2017 年 10 月 18 日

特别感谢：杨德锋，王新刚，王峰，李妍菲，蒋青云，彭泗清

补记：香港城市大学商学院-复旦大学管理学院联合培养工商管理博士项目在读学员李妍菲女士在一个微信群里看到以上随笔后，被陈振东先生的善举感动，表示愿意捐款，作为JMS博士生论坛获奖论文的奖金。李女士请她的老师蒋青云教授为她牵线，与JMS理事会理事长彭泗清教授以及理事会其他老师联系，落实捐赠事宜，并表示不用冠名，也不参加颁奖仪式。向李女士致敬！

1-4 珍惜春光，为振兴中华刻苦学习
——新学期寄语同学们

掰着手指头算，同学们收到这封信时，春节已过，立春也已过了。正生活在北美半个多世纪以来最冷的冬天之中的我，多么盼望春天的来临。我想念祖国的春天，也想念福州大学的春天。

春天来到，新学期正好开始，对同学们说些什么呢？我想起不久前在来自祖国的报纸上看到，现在有些年轻人总认为社会主义不如资本主义，中国不如外国，特别是不如美国。我现在正好在美国，就谈谈我的感受吧。

我来到美国之后，常有人要我介绍中国长城的样子以及中华文化，每当我谈起祖国灿烂的文化和历史，美国人总是赞不绝口，因为美国至今才建国两百多年。我到波卡特洛（Pocatello，我学习的地方）的前一天，当地居民刚隆重庆祝了这座城市的一百岁生日，而我们的祖国是一个有着五千年历史的文明古国。作为中国人，我们感到自豪、骄傲。

我刚来到这里不久，一个从东南亚来的海外华人学生同我交谈时说，他的父亲是四十年前在家乡生活不下去，漂洋过海到东南亚去的。如今他父亲老了，并已入了那里的国籍，但每天早上起床后很要紧的一件事便是看当天报纸上关于中国的报道。老人念念不忘他出生的国土，希望中国强大，并说要为中国的强盛出点力。"儿不嫌母丑"，海外华人尚能如此热爱中国，而我们有些年轻人却因为生活水平比发达的资本主义国家低，就说我们这不如人家，那也不如人家，我看这些人的精神面貌远不如那位老人。

我们国家的科学技术比发达的资本主义国家落后，这是事实，但我们这一代人将用自己的双手来改变这种局面。中华要振兴，今天正在大学里学习的年轻人更是重任在肩。

春天是播种的季节，我想同学们一定都已在心里播下了为振兴中华而刻苦学习的理想的种子，因为春天在我们的心田中。

最后，让我们共勉，在大好春光下，为四化建设努力学习，刻苦钻研。

1984 年元旦后

说明：

1. 这篇短文应该是 1984 年元旦后投稿到《福州大学校报》的，署名为"我校留美学生周南"，刊于 1984 年 3 月 7 日第 3 版。若不是 2017 年 7 月整理旧物时发现，我早已忘了这篇文章。这里看到的是校报刊出的原文，副标题中的"同学们"误印为"同志们"，已纠正，同时还订正了个别文字。

2. 1975 年，我作为工农兵学员就读福州大学，1978 年毕业后留校当助教，1981 年考上教育部出国研究生，翌年赴位于美国爱达荷州波卡特洛城的爱达荷州立大学留学，1984 年 MBA 学位。

3. "来自祖国的报纸"指中国驻美大使馆教育处定期给留学生们寄的《人民日报》。

4. "北美半个多世纪以来最冷的冬天"，这是我当时读到的美国报刊上的说法，指的是 1983—1984 年冬季。

5. "我到波卡特洛（Pocatello，我学习的地方）的前一天，当地居民刚隆重庆祝了这座城市的一百岁生日"，是指 1982 年 6 月 21 日（见本书 1-5 哦，爱达荷州立大学！哦，波卡特洛！）。

6. "四化建设"，1964 年 12 月 21 日，周恩来总理在第三届全国人民代表大会第一次会议上提出，"在不太长的历史时期内，把我国建设成为一个具有现代农业、现代工业、现代国防和现代科学技术的社会主义强国"。

7. 老子说，**"知常曰明"**（认识道理叫"明"）（《道德经》第十六章）。回头看，这篇短文有一点"明"——**"作为中国人，我们感到自豪、骄傲。"**

2017 年 9 月 20 日

1-5 哦，爱达荷州立大学！哦，波卡特洛！
——照片唤起一位国际校友的美好回忆

编者说明：周南，中华人民共和国首批来爱达荷州立大学留学的学生之一，现在是阿卡迪亚大学（位于加拿大新斯科舍省五福镇）市场营销学终身副教授。

前几天，我翻阅了在爱达荷州立大学（以下简称"爱大"）留学期间积攒的三百多张照片，当看到照片旁备注的日期时，恍然发现，有些照片距今已逾十年之久。光阴似箭，岁月如梭！

当我一张张翻看这些照片的时候，很多美好的回忆浮现在脑海中。

相册里的头两张照片是我和 Jack Smith 与 Barbara Smith 夫妇以及黄伟星的合照，拍摄于 1982 年 6 月 22 日。黄伟星是爱大第一位来自中国的留学生；Barbara 当时是国际学生友谊办公室的志愿者，在办完入住学生宿舍手续之前，她邀请我先在她家落脚。有趣的是，照片里为什么他们三人都穿着短袖而我却穿着毛衣呢？那是因为，当天上午我离开旧金山时，天气挺冷的，我以为波卡特洛（Pocatello）和旧金山的气温是一样的，但没料到波卡特洛的 6 月已是酷暑难耐。

相册里有很多我和我的招待家庭（host family）在一起的照片。Lerch 教授夫妇待我视如己出。我们一起在杰克逊洞（Jackson Hole）滑雪；他们的女儿 Laura 结婚时，我也是"全家福"中的一员；还有这张，那是我正在切 Lerch 夫人给我烤的生日蛋糕。

我也找到我和中国友人的一些合照，其中印象深刻的有黄伟星、来自台湾的石怀祖、来自北京的姚楠、来自上海的陈云良，以及约瑟夫·卢夫妇和爱德华·李。大家平时的时间都很紧张，所以我们大多数时候都只能在学校放假期间找机会相聚，享受中餐。我已经记不清有没有带自己烹饪的食物去过，但清楚地记得自己每次都吃很多。

还有这样一张照片。我看着一只刚烤熟的火鸡，那是 Longmore 教授给我的礼物。他本想邀请我参加他的家庭节日晚餐，但他的一个孩子生病了，我们商量后，觉得我还是不去他家为好，于是他送了我一只烤熟的火鸡。这只火鸡好大，我和姚楠两人花了好几天的时间才吃完。

相册中有些照片记录了我一生中第一次真正的四季经历：（1982 年）7 月在黄石国家公园，一天之内我既穿过短袖也穿过羽绒夹克；秋日，在药学院旁，我站在满是金黄色叶子的树下；隆冬时节，我眉眼俱笑地堆一个比自己还高的雪人；晴暖的春日，我坐在校园的草坪上，草坪周围被红色的郁金香和其他花环绕，背景是皑皑雪山。

我最后决定要找些照片，作为我真学习了的证据！这两张怎么样？一张是我站在MBA办公室的学生小隔间门边的照片（见本书彩插图片7）。不过这好像也不能算。那么，旁边标注"五场期末考"考前拍的照片呢？也不行，只能说明我坐在那里，看上去很紧张。有一张有趣的照片，是我和Kathy、Shirley、Jake、Tony以及Coleen的合影，清楚地显示我们是一起做"游戏"也一起"成长"的好伙伴。但是，我对它能否用来证明我们是一个"学习小组"表示怀疑。此外，还有一些我和Fouad、Sarraf、Stratton以及Le Blanc几位教授的生活照，也不能算，照片里我们在参加一些非学术性活动，比如MBA学生的见面会，或者在教授们家里吃饭等。

等一下！终于找到一张了：教室里，我在MBA同学们面前发言。照片旁边的备注上说，我当时正在MBA640课上做案例展示，是关于洛克希德公司在日本的行贿案（见本书彩插图片8）。看来，我的确将一些时间用来学习了！

最后一组照片是1984年5月我参加毕业典礼那天照的。每一张照片里，我都穿着学位袍，披着绶带，笑意盈盈。那天晚上，Lerch教授夫妇为我——他们的中国儿子——举办了送别晚宴。宴会邀请了Smith夫妇、爱大的校长Coulter夫妇以及其他几位教授。Lerch家的客厅装饰得富丽堂皇，食物也美味可口。犹记得那天深夜，姚楠送我到长途汽车站，目送我踏上回国的旅途。那一刻，我俩都热泪盈眶。

岁月不待人，毕业之后我只回过爱大一次，逗留的时间短暂。很多与我在波卡特洛有过交集的人，后来跟我都未保持联系。但是，我从来都不曾忘记他们。正是因为他们竭尽所能的帮助，我才能拥有这么一段温馨且有意义的学习、生活时光。

哦，爱大！哦，波卡特洛！你在我心中的位置，永远独一无二。我爱你！希望有一天，我有机会再回来看你！

编者后记：这篇散文于1993年12月提交给本刊，原定在1994年周南毕业十周年时刊印。原稿一度遗失，最近才找回。

说明：

1. 本文原载于 *ISU Outlook*, Fall 1995（《爱达荷州立大学校刊》1995年秋季刊）第14页。由英文翻译而来。黑体字是中译本加的。原件见本书前面的彩插图片10。
2. 我是福建人，福建一年四季的变化没有北方明显。
3. "有一张有趣的照片"见《登山观海：146位管理学研究者的求索心路》彩插图片。
4. "MBA 640课堂照片"见《佛光山的星巴克——〈道德经〉的启示》彩插图片。
5. 老子说："非以其无私邪，故能成其私"（不正是因为他们不自私吗，所以他们能成就自己）（《道德经》第七章）。位于波卡特洛的爱达荷州立大学是我当年（1982—1984）去美国留学的第一站。**转眼三十多年过去，我仍怀念在那里度过的美好时光，感恩那里可敬可爱的人们当年为我所做的一切！**

2017年7月25日

1-6　看美国"表演",练中国"功夫"

往事如烟。我在中国没有取得大学学位,正规高等教育是在美国完成的。想起来,就像是昨天的事。

1982年6月19日,我踏上了留美求学之路,先从上海飞往旧金山;6月22日,又从旧金山飞往爱达荷州的首府博伊西(Boise),接着转机续飞到小城波卡特洛(Pocatello)。航班抵达后,我请机场工作人员打电话给爱达荷州立大学,学生事务处的Lance Hayes先生很快就到机场接上了我。

身在曹营心在汉。我是去爱达荷州立大学(Idaho State University)读MBA学位的。那时,中国改革开放的时间不长,没有任何大学开设MBA专业学位课程。出国前,在福州,我和身边的中国人一样,只在屏幕上看过美国,很想亲眼看看美国真正的样子。到了爱达荷州立大学,我发现身边的美国人也很想了解中国,而我就是中国"真正的样子"的一个例子。课堂内外,**我总是问自己、问老师、问同学、问周围的美国人——我学的东西对中国和美国各有什么启示?**

1983年年初,市场营销学教授Ronald D. Balsley指导我写了人生中第一篇学术论文,题目是:"The role of intellectuals in economic development of China: Problems for joint venture partners and current solutions"("知识分子在中国经济发展中的角色:合资伙伴问题及当前解决办法")。我们将论文投给了将于当年夏天在伊利诺伊大学召开的Conference on China's Trade and Foreign Policy with Industrialized Countries(中国对工业化国家的贸易和外交政策学术会议)。这篇我们联合署名的论文被大会接受了,老师没能参会,我去宣讲了论文。回校后,几位MBA同学前来向我表示祝贺,我们在MBA办公室合影留念。这张合影,我现在还保留着(见《登山观海:146位管理学研究者的求索心路》中的彩插,第1页)。

1983年6月12日,波城最大的日报《爱达荷日报》(*Idaho State Journal*)刊登了一篇报道,介绍我在爱达荷州立大学的学习和生活,标题是:"Ambassador of Diplomacy"(外交大使)。文章旁边附了一张我的个人照,照片中我手拿一本杂志——中国驻美国大使馆定期寄给中国留学生们的英文版月刊《中国建设》(*China Reconstructs*)——杂志封面上的"China"一词清晰可见。当时记者跟我说,希望报道附张个人照,我请她为我拍下这张与中国有关的照片。报道中提到，**我希望学以致用，促进发展中美之间的贸易和友好关系**（译文见本书 1-6 附录：外交大使，报道复印件见本书彩插图片 6）。

以中国为研究主线。第一学年顺利地过去，我修了 30 学分（10 门课），余下的一年还要修 30 学分。我可以选择修 10 门课或修 8 门课加撰写硕士学位论文。我选择了后者，因为我想 MBA 毕业后读博士学位。老师们说，写硕士学位论文对以后写博士学位论文有帮助。市场营销学是我最感兴趣的方向，于是我请 Balsley 教授和 Joseph J. Walka 教授一起作为我的论文导师。我的硕士学位论文研究的是正在起步的中国消费市场与美国企业的机遇和对策。

由于老师们与校长 Myron L. Coulter 教授的大力推荐，1984 年秋，我如愿被位于爱达荷州隔壁的犹他州首府盐湖城的犹他大学（University of Utah）商学院录取，读市场营销学博士学位。我是学院录取的第一位来自中国内地的博士生，院刊秋季号一共有 12 页，用了其中的一整页来介绍我。读博期间，1986 年，导师 Richard J. Semenik 教授、我和 William Moore 教授合作，在美国广告学术界知名期刊 *Journal of Advertising*（《广告学报》）上发表了一篇论文。这是我的第一篇学术期刊论文，是一篇关于中国管理人员对广告应用的调查的论文。读博期间，我还分别与白乐寿教授（Russell W. Belk）与 John W. Seybolt 教授合作，发表了几篇与中国改革开放有关的学术会议论文。我于 1987 年毕业，博士学位论文研究的是改革开放政策下福建对外商贸的发展。1989 年，谢贵枝教授、白乐寿教授和我在美国营销学术界知名期刊 *Journal of Consumer Research*（《消费者研究学报》）上发表了一篇论文，该论文研究的是中国报纸广告中的消费价值观。在这两个期刊上发表的论文都是第一次有来自中国内地的作者参与其中，研究想法都是我攻读博士学位时提出的。后来，有很多年，我常听中国学者说，研究中国问题的论文不容易在美国学术期刊上发表。我对他们说，**发表关于中国的论文，要有思想，"有料"，赶早，也要赶巧。**

未成事，先结缘。从读 MBA 到读博士，我的研究注意力一直都聚焦于中国。去美国求学，像是学戏，"看"人家"演"出的"表""面"，"练"自己"内""里"的"功夫"。功夫，功夫，用"力"做"工"才能成"夫"，可惜我"工"和"力"都不足。**"看美国表演"着眼于"有"，是"外功"，构思图纸；"练中国功夫"着眼于"无"，是"内功"，建造房子。**二者"有无相生"（《道德经》第二章）。回首当年，我很用心。至今，我还在"看"和"练"，而心里念的，仍是中国的"房子"。

2017 年 12 月 10 日

特别感谢：杨德锋

说明：应暨南大学杨德锋教授邀请，我在 2017 年 JMS 中国营销科学学术年会的博士生论坛上做了一场讲座，介绍我的学术道路。本篇文章根据讲座前半部分的内容整理而来，回顾了我学术道路的"海外"阶段。

附录：
外交大使

周南是一名来美国深造的中国留学生，今年 31 岁。他目前正在爱达荷州立大学（以下简称"爱大"）读工商管理硕士学位。与此同时，他也正在快速地学习和掌握外交的艺术。

周南是第二位到爱大学习的中国留学生。在他之后，第三位留学生已经到达。另外两位按计划将于近期到达。

中国留学生到爱大交流与学习，得益于校长 Myron Coulter 发起的一项外交活动。两年前，为推动两国高校间的学术交流，Coulter 与其他 13 名美国大学校长前往中国，与中国教育部代表共商中美两国一项大学教师交换学习计划的可能性。

周南是首批被选赴美国深造的 20 位中国大学教师中的一员。他们通过了全国性的选拔考试，并获得了纽约李氏基金会提供的两年奖学金。

"我们于 1981 年 11 月签署的是一个为中美两国之间的学术交流铺平道路的协议。"Coulter 说："中美两国间的这个大学教师交流项目使双方都受益匪浅。一方面，周南得到深造的机会；另一方面，爱大也因此赢得了更高的声望。这个项目首先是对爱大教育质量的认可，同时也是中国政府对我们的认可。"

周南为 Coulter 校长对国际教育的投入而感到非常高兴。

他说："Coulter 博士致力于促进中美两国之间的文化交流。他邀请每一个新来的中国留学生到他的办公室进行友好的交谈。"

周南学习期间，将受到工程学和商学两个领域的专业培训。他的近期计划包括归国后致力于推动中美贸易关系的发展。

一名外交大使就这样诞生了。

"我在中国的时候，积极参加各种各样的活动，"周南说，"我喜欢和大家共同完成一件事情。这就是为什么我希望这里的人了解我的想法。我觉得这里的人都非常好。"

对于外交，周南不经意间成了一名优秀的业余外交官。他真诚地赞美爱达荷州和他在这里遇到的可爱的人。"我认为爱大的中美 MBA 交流项目很出色，"周南说，"我没想过去美国的大城市和大学校，波卡特洛和爱大很合我的心意。尽管我们的项目规模不大，但师资和项目质量都非常高。"

周南是 1982 年 6 月 22 日到爱大的。此前，他是家乡福州大学工程学专业的一名教师。福州地处中国南部，是福建省的省会城市。他的妻子林小荣也是一名大学教师，两人育有一个两岁的女儿，名叫周林。

没有家人和朋友陪伴，周南只身来到波卡特洛。但是在爱大的老师、管理人员和接待家庭 Lerch 教授夫妇的帮助下，他很快就适应了这边的生活。

周南很享受与 Lerch 教授一家共度的时光，包括杰克逊洞之旅和节日庆祝等。"我们一起度过了很多欢乐的时光，"周南说，"他们还为我庆祝生日。"

去年暑期班开学之后，周南开始攻读 MBA 学位，将于明年毕业。

在美国，周南修的第一门商学课程是 Longmore 副教授讲授的运营管理。

"我初到时，语言是个大问题，"周南说，"Longmore 先生特别关照我。"

周南说，他的语言问题主要是听不懂本地人在说什么，特别是俚语。尽管来美国之前上过英语集训班，但他仍然无法理解"Gag me with a spoon"（我快吐了）是什么意思。

如果说英语是周南遇到的障碍，那么他的母语则是其他人的障碍。

"去年秋季那个学期，我在爱大的才艺表演比赛中获得第二名，"周南说，"我想不明白我为什么会获奖。我唱了一些中文歌，但我并不认为他们能听懂。"

听音乐是周南最喜欢的休闲活动之一。每天 13 个小时的学习安排之外，他的休闲娱乐时间非常有限。"并非所有的美国歌曲我都喜欢，"周南说："我喜欢古典音乐和老歌，不喜欢那些很吵的流行歌曲。"

相比于歌手的声音，周南更喜欢妻子和女儿的声音。但是，在获得硕士学位之前，他还得与妻女再分离一年。"我经常给她们写信，我们互相寄录音磁带，"周南说，"有空的时候我喜欢听听女儿的声音。"

除了掌握商学知识，周南说他还想在美国学一样东西——打网球。

周南说："我期望至少能学习一项美国运动。因此，秋季学期，我会上一门网球课。这样，当回国后人们问起'你在美国除了学习还学了什么'时，我可以告诉他们：'网球'。"

在周南的计划中，除了取得工商管理学硕士学位和掌握一项运动，他还计划制作幻灯片来展示爱达荷州和波卡特洛。

"我会向我的同胞们展示这些幻灯片，因为我爱这里的人们。他们待我很好，我对自己在这里的生活感到非常开心。"这名"外交大使"真诚地说。

编者语：

这篇报道见报的时候，周南已打算攻读博士学位。他和 Ron Balsley 博士合作发表了题为："The role of intellectuals in economic development of China: Problems for joint venture partners and current solutions"（"知识分子在中国经济发展中的角色：合资伙伴问题及当前解决办法"）的论文。这篇论文已在伊利诺伊大学举行的中国与工业化国家的贸易和外交政策学术会议上宣讲。

周南对推动中美关系有兴趣，因此他将 "China's Consumer Marketing Environment Opportunities and Strategies for American Companies" 作为他硕士学位论文的题目。他的导师是 Joe Walka 博士和 Ron Blasy 博士。

说明：原文见波卡特洛城最大的日报 *Idaho State Journal*（1983 年 6 月 12 日）。爱达荷州立大学商学院院刊 1983 年秋季刊转载时，加上了以上的编者语。

1-7 不离"主"流，不随"大"流（一）

"梁园虽好，不是久恋之家？"1988 年，我加入加拿大阿卡迪亚大学（Acadia University），并于 1993 年获得终身教职，第二年秋天将有一年的带薪学术假，可以去其他大学访问。当年夏天，我去波士顿参加美国营销学会年会，想联系一所大学。我在会上巧遇游汉明教授，他将去香港城市理工学院（香港城市大学的前身）任商业及管理系主任，于是盛情邀请我去他那里。

就这样，1994 年秋天，我到了香港城市理工学院。游老师中国传统文化的功底很深，我向他学到很多。学术假结束后，我向阿卡迪亚大学申请停薪留职一年。转眼到了 1996 年春天，在我的合同到期前，游老师与时任商学院院长何忻基教授都希望我留下，并及时为我办好了终身教职的手续。没想到，这一待就是 23 年。

2017 年，我从香港城市大学退休（时年 65 岁），继续"海归"之路，加入深圳大学。如果说**我走上学术道路与加入香港城市理工学院都是"途中偶然"，那后来学术发展的方向则应是"人生必然"。无论偶然必然，我都扎扎实实地"学"和"问"，"尽其当然"**，现在则到了"顺其自然"的人生阶段。

香港 1997 年才回归祖国，说我 1994 年成为"海归"，是回头看时的说法。受惠于邓小平的改革开放政策，20 世纪 80 年代初，大家搞"改革"时我搞"开放"，去美国读书；20 世纪 90 年代后期，许多人开始研究美国文化，而我的注意力已转向中美文化比较；再后来，儒家文化研究开始大热，而我已在钻研老子文化；现在，我想得更多的是"中外合璧"与"全球胸怀"。

"淮南为橘，淮北为枳。"香港是个"华洋混杂"之地，背靠有"世界工厂"之称的珠三角，面向广大的世界市场。我与同事、学生一起研究中国营销问题，为穿梭于内地和香港两地的高级工商管理硕士（EMBA）学生授课，很快就注意到，将**"外生"的"精深"的美国理论与实践"移植"到"博大"的中国文化情境中，常常"水土不服"**。两国历史传统各异，风土人情不同，若彼此不分，生搬硬套，将啼笑皆非。相比之下，"嫁接"相对更可行，而"内生"才有持久的生命力。

摸索几年之后，我根据中国人的基本思维与行为模式，从作为一种认识论的"阴阳观"入手，逐渐建立起自己的一套以老子的**"道—天—地—人"**为框架的研究与教学体系，主要通过讲授 EMBA 课程、进行学术会议演讲与出版中文学术随笔集而非发表英文论文来传播和交流。因为我相信，**老子《道德经》的境界高远，是中华文化具有世界性的一个代表。**

以 2008 年为例，我在几个学术会议，比如，北京大学举行的营销学者论坛、山西财经大学举行的中国高校市场学研究会年会、西安交通大学举行的 JMS 中国营销科学学术年会暨博士生论坛上的演讲，探讨的都是以中国文化为基础构建营销理论的必要性与迫切性。

"摸着石头过'海'"？ 就这样，我的学术道路一步步地从"天边"走到了"眼前"，研究思维从"黑白"转变为"阴阳"，研究方式从美国式转变为中国式。现在我写论文、讲课或演讲时，当年从美国学来的学术用语，用得越来越少，而中国这片土地上的生活用语，用得越来越多。

何谓"中外合璧"？"洋为中用"和"中为外用"。 几十年间，我先学"洋为中用"，接着融入"古为今用"，后来考虑"中外合璧"和**"中为外用"。"合璧"**就像**"嫁接"**，如果将苹果枝嫁接在梨树上生出的"梨苹果"看成"洋为中用"，那么将梨枝嫁接在苹果树上生出的"苹果梨"则是"中为外用"。"洋为中用"为我们提供了发展镜鉴；"古为今用"自然而然；"中外合璧"已经大量实践；而"中为外用"已经开始成为一种重要的演化形式。这里，"洋"包括美国，而"外"则大得多，包括所有的"外国"（见《要钱还是要命——〈道德经〉的启示》6-3 长短相形：中为外用）。

应保持什么样的"全球胸怀"呢？"以天下观天下"（从世界的高度认识世界）（《道德经》第五十四章）。天下一家，**"同一个世界，同一个梦想"**。美国与中国，都是一域，而不是整体，只是时代潮流中的两股**"大"**流，仅代表历史逻辑的一部分：中国孔子文化"情脉脉"，侧重于追求"自强/自胜"，美国牛仔文化"赤裸裸"，偏向于追求"自由/他胜"，两者的"自"都看重"效用"，共同的缺陷显而易见——都要求"胜"，"争名"与"夺利"，"自私"与"自利"。**一灯之明，难亮世界。世界才是"长存"于"天下"的"主"流。**

"傲骨不可无，傲心不可有。"（张潮《幽梦影》）

2017 年 12 月 10 日

特别感谢：杨德锋

说明：应暨南大学杨德锋教授邀请，我在 2017 年 JMS 中国营销科学学术年会的博士生论坛上做了一场讲座，介绍我的学术道路。本篇文章根据讲座后半部分内容整理而来，回顾我学术道路的"海归"阶段。

1-8　不离"主"流，不随"大"流（二）

　　中国文化具有世界性，中国最好的才是世界的。文化价值有普世的也有本地独特的。老子追求"**自然**"，积极后退（包括"以退为进"），教我们如何通过"**不争**"/"**无为**"保持"**不败**"。老子文化不仅是中国文化中一种根本的**精神食粮**，甚至可成为一种普世性的精神食粮。

　　"夫圣人量腹而食，度形而衣，节於己而已，贪污之心，奚由生哉"（明道的人，会估量自己的饭量而进食，度量自己的体形而裁衣，对自己的物欲有所节制，恰如其分，这样就不会产生贪婪之心）（《淮南子·卷二·俶真训》）。"取之有度，用之有节，则常足"（获取适量，消费节制，就会常保富足）（《资治通鉴》卷二百三十四）。因此，我们对如何传承中国文化，应有清醒的认识。

　　我们需要尽可能减少"成见"与"偏见"，针对中国管理/营销现象和问题提出问题，做站得住、讲得通、看得高、行得远的研究，构建以中华文化为基础、体现中国风格与气象的营销理论。这不但是未来中国营销理论的发展方向，也是向国际营销学界展现中国营销学界学术地位的重要基础。

　　我越来越意识到，让自己的研究与教学引起中国人的共鸣并获得认可，远比让论文吸引外国同行和学刊审稿人的"青睐"更有意义，因为这些同行和学刊审稿人往往对中国只有走马观花式的认识。学术界主要的教学与研究资源是以美国为代表的西方社会过去一百年的研究与实践成果。这些文献，有相当一部分产生的时代背景、文化思潮和社会经济体系与当时的中国明显不同，也与眼下全球化环境下的世界第二大经济体的现状不相称。眼下，管理（包括营销）学界的一个大问题是我们的评估和聘用体系，仍然认为在西方国家出版的英文期刊上发表论文比在本国出版的中文期刊上发表论文要高出一等。但这些期刊就像种在人家地里的圣诞树。如果我们总是以将我们的灯笼挂在人家的树上为荣，任人"评头论足"，从而判断是不是好灯笼，人家永远瞧不起我们，我们也永远直不起腰来。

　　前车之鉴，后事之师。20世纪的最后20年间，台湾本土心理学在杨国枢与文崇一两位先生的推动下，蓬勃发展，留下不少有学术意义与时代价值的专著。两位先生曾在《社会及行为科学研究的中国化》一书序言中指出:"在以中国社会与中国人为对象从事研究工作时,(我们)往往偏重西方学者所探讨的问题,沿用西方学者所建立的理论,套用西方学者所设计的方法。影响所及,使我国的社会及行为科学研究者难以在问题、理论及方法上有所突破。……在缺乏自我肯定与自我信心的情形下,长期过分模仿西方研究活动的结果,使中国的社会及行为科学缺乏个性与特征,终于沦为西方社会及行为科学的附庸。"两位先生因此向台湾社会及行为科学研究者提出以下问题:试问在理论与方法上,我们的学者在自己的学科上对世界有何独特的贡献?(杨国枢、文崇一,1982:i)就此问题,我曾特邀杨国枢先生到香港城市大学分享他的经验与见解(见本书彩插图片68)。

现在,台湾本土心理学进展如何?我请教过该领域的一些学者,他们认为,整体来说"今不如昔",一个重要的原因是高校评估教职员的表现时,将在西方出版的英文期刊上发表论文摆在首位。追求这种"含金量"而不是"乡土气息"会结出什么果呢?

我也提几个问题:为什么张艺谋早年拍的电影(比如《红高粱》)可以"传世",而现在拍的"大片"不可以?为什么许多外国人对获得奥斯卡奖的电影《卧虎藏龙》的评价很高,而不少中国人仅觉得一般?为什么许多学者对外国人发表在外国期刊上不过几十年历史的文章,佩服得五体投地,言必称"经典",而对我们老祖宗留下来的抚育中华民族生存发展数千年的许多文化经典却知之甚少?

"夫轻诺必寡信,多易必多难"(轻易发出的诺言,必定很少能够兑现;把事情看得太容易,势必遭受很多困难)(《道德经》第六十三章)。作为中国人,研究中国问题必须要有"中国魂"。前路漫漫,要靠大家同心协力,攻坚克难,"各美其美""美美与共"。

我这一生,先是想成为一个识字的人,然后想成为一个有学问的人,再后来想成为一个有思想/智慧的人(参阅本书1-1为学若登高)。年轻时幸运,有机会留学,"看美国表演",为的是"练中国功夫";而后转身,回归祖国,至今还在"练中国功夫"。我的识字人生从"老土"到"老美"到"老子",我的学术人生则从"牛仔"到"孔子"到"老子",希望自己已经从一个身份上的中国人成长为一个精神上的中国人,"外与天际,四望如一"(柳宗元《始得西山宴游记》),立足中国,与人为善,做一个超越民族主义思维、有世界情怀的人——一个中国的世界人。

过去的是时光,得到的是成长,留下的是幸福。从文化自觉到文化自信,自觉是因,外力是缘,仍在努力,已有自信,不卑不亢,不负此生。

2017年12月10日

特别感谢:杨德锋

请参阅:周南(2017),"一年土,二年洋,三年回头认爹娘",《管理学报》,14(1):20—22。

周南(2015),《佛光山的星巴克——〈道德经〉的启示》,北京大学出版社,1-19只有走自己的路,才能成为"自己"。

1-9 "三更灯火五更鸡,正是男儿读书时"

又到江西师范大学瑶湖校区讲学,再次住在白鹿会馆。为什么其他许多大学的校内宾馆都叫学术交流中心,唯有这里叫"会馆"呢?几年前,我第一次来访时,就向邀请我的赵卫宏教授提出这个问题。

他笑着解释说:古代的书院,既是教育机构,也是学者们聚集探讨学问的地方。在千年书院历史上,江西是书院最兴盛的地方之一。宋朝理学家朱熹曾在庐山白鹿洞书院讲学。江西师范大学肇基于民国时期的国立中正大学,并选址庐山南麓倚靠白鹿洞兴建书院型大学,后因抗战烽火而停滞。因此,江西师范大学与白鹿洞书院早有渊源。会馆是旅居异地的同乡人共同设立的供同乡、同业聚会或寄居的馆舍。白鹿会馆,寓意江西师范大学承续了江西古代的书院文化,底蕴悠长。

每次来访,我都抽空到校园中心的静湖周围看看,因为那里融自然环境与人文景观于一体。静湖,垂柳依依,波光荡漾,湖水清澈,天鹅、鸳鸯和鸭子往来嬉戏。虽是冬日,但在暖暖的阳光下,仍有许多备考的学生坐在湖边看书。我和熊小明老师走近一位女同学,询问她在看什么。她说在看自己整理的笔记,准备硕士研究生入学考试。见她满怀信心和热忱,我们由衷地祝她如愿。

静湖南边的正大广场中央,矗立着一座高五米左右的"桃李鼎"。该鼎仿照1989年江西新干商墓出土的兽面纹虎耳铜方鼎(现为江西省博物馆镇馆之宝)放大十倍铸成,于2010年江西师范大学70周年校庆时由中国书法家协会名誉主席沈鹏捐赠母校。桃李鼎磅礴大气,庄严朴素,极富厚重的历史感,象征着江西师范大学校友满天下。

我每次必看桃李鼎附近竖立的四根正方形灯柱,上面有用各种字体书写的古诗词。柱有四面,一面写一首诗词。我最喜欢的一首是:"三更灯火五更鸡,正是男儿读书时。**黑发不知勤学早,白首方悔读书迟**"(挑灯到三更,五更闻鸡起,男儿应珍惜每分每秒,不负读书的大好时光。如果年少时只知道玩而不知道勤学要早,老了就会悔恨)(颜真卿:《劝学》)(见本书彩插图片61)。

我也特别喜欢下面这些名句：

"少年辛苦终身事，莫向光阴惰寸功。"（杜荀鹤《题弟侄书堂》）

"明日复明日，明日何其多。我生待明日，万事成蹉跎。世人若被明日累，春去秋来老将至。朝看水东流，暮看日西坠。百年明日能几何？请君听我明日歌。"（文嘉《明日歌》）

"百川东到海，何时复西归。少壮不努力，老大徒伤悲。"（《汉·乐府诗集：长歌行》）

难怪静湖边总有一众学子在苦读，应与古代先贤这些诗句的激励有关。

卫宏和小明对我说，最近教育部本科审核评估专家组对学校的本科教学工作评价很高，说这是一所有历史底蕴、文化情怀、名校气质的"模范大学"。评估专家们有如此之高的评价，我不觉得奇怪。历史上，江西人重教育，兴学之风很盛，为人文昌盛创造了一个良好的生态环境。**江西是历史上状元最多的省份之一，文化传承的使命感激励着一代又一代的江西人，而江西师范大学是重要的传承者之一。**在这里读书的学子们，幸福啊！

"美言可以市尊，美行可以加人"（美好的言辞被人重视，美好的行为被人模仿）（《道德经》第六十二章）。我虽然已经"白首"，但仍把自己当作"黑发"。又一次看到这些催人努力的名句，我忍不住旁若无人地大声朗读了一遍，凝视良久，还用手机拍照，用微信传给我的学生和好友们，与他们共勉。现代社会**男女都一样**，一定不能"惰寸功"，以免"万事成蹉跎""老大徒伤悲"！

2017 年 12 月 23 日

特别感谢：赵卫宏，熊小明，苏晨汀

1-10　2018年元旦寄语：
碎片化学习，值得鼓励

　　昨天，已毕业的学生Z向我"汇报"，说他去年读了31本"课外"书。有些书我是第一次听说，例如，加拿大汉学家卜正民的《维米尔的帽子》和中国台湾人类学者刘绍华的《我的凉山兄弟》。俗话说，**知识改变命运**。Z来自一个普通的家庭，读书改变了他的命运。他在学生时代就很勤奋，这几年我仍然收到他写的读书心得。现在他在一所高校当教授，还担任行政职务，平时很少有"空""闲"时间。他是怎么做到一年读31本书的呢？

　　一张照片透露出了"蛛丝马迹"。最近，他和同事去外地开会，返程去机场的地铁上，同事"偷"拍了一张照片：他站在地铁列车两节车厢连接处附近，旁若无人地捧着书，读得入神。而站在旁边的人要么在看手机要么在"玩"手机；要么戴着耳机，可能在听音乐，看上去也很入迷。我喜欢他在车厢读书的这张照片，他读书的样子，与旁边的人形成了鲜明的对比。

　　我把照片发到几个我和他都在的微信群里。很快就看到好几条评论，比如，"Z一直都是这样""被师兄感动了""师兄是我们的榜样""爱读书，看上去就是不一样"。我也把照片发给十几个与我通过微信的深圳大学管理学院大一的学生。下面是他们看完Z的照片后回复的部分内容："我们宿舍下面就有个阅览室，我很喜欢去那里""我今天第一次没有带手机上课，要冲破手机的捆绑""现在，网络是最直接的信息来源""看手机的可能是在看电子书，我就常用手机看书"。其中，潘雪怡同学的回复，我反复读了好几遍："**碎片化阅读是互联网时代年轻人学习的常态。天下事尽在小小的（手机）屏幕里。问题是真正精心读好书，读懂读透的人越来越少。**"

　　雪怡说得有理。人们对互联网时代的信息碎片化早有过批评。批评之声大多是，碎片化的信息过度消耗注意力资源，难以形成系统性思考，无法形成完整的知识体系。碎片化信息来得便利，容易使人"分心"，但碎片化学习也有值得称赞的地方。黄健彦同学说："碎片化学习本身并没有害处，只是因其'碎'容易看过即忘，才让许多人对它产生了误解。其实**碎片化学习恰恰让你充分利用了琐碎的时间，如何在这琐碎之中**

形成自己的体系才是值得思考的问题。宋代诗人苏轼说：'**博观而约取，厚积而薄发**'（博览群书而吸取其精要，蓄积学养而提出看法）。在刷微信、微博或是短时间学习的时候，我们可以养成记便签的习惯，也可以将瞬间迸发出的一些心得灵感记录下来，而后整理也同样能够起到系统学习的效果。"

　　Z善于"挤"时间，进行碎片化学习，且颇有成效。时间无影无踪，怎么可能"挤"呢？或许可以说他**善于"抓""紧"时间学习**。不过这样说可能也不妥，时间看不见也摸不着，怎么能"抓"得"紧"呢？我想，还是**这个"善"字最重要**。

　　《三字经》说："**勤有功，戏无益。**"Z勤读是好事，难道"戏"真的无益？看着照片上的其他人，我不敢妄下结论。盯着手机屏幕的，可能是在看电子书；"玩"手机与戴耳机的，可能正在抓紧时间"劳逸结合"。**看书的未必是在学习，看手机的未必是在玩啊！**西方有句谚语说，"All work and no play makes Jack a dull boy"（只用功，不玩耍，聪明孩子也变傻）。

　　言归正传。《三字经》紧接着说："**戒之哉，宜勉力。**"找"碎片"时间读书是好事，水滴石穿，汇成大海。老子说："**九层之台，起于累土**"（《道德经》第六十四章），"累土"不就是碎片吗？

　　修心在个人，行动在平时。

2018年1月1日

　　特别感谢：潘雪怡，黄健彦

1-11 "老师,我担心论文写不出来!"

学生找我讨论时,常问:"论文写不出来,该怎么办?"情况大致分为三类:第一类,论文"一点都写不出来",问我"怎么办";第二类,花了很大力气,"写来写去"还只"写了一些""没有把握",问我"怎么办";第三类,论文"进展不错","但有些问题没太想明白",问我"怎么办"。

我请学生坐下,听他慢慢讲述自己的困惑与不解。听完后,我拿起一张纸,画了个圆;然后画了一条连接圆顶与圆底的反"S"曲线,将圆分成左右两半;接着在圆的中部用一条直线连接左右两边;这样,两条线将圆分成左下、左上、右下和右上四个部分,分别用数字1、2、3、4标注;最后在左上和右下两部分各画了一个小圆。这是我常用的"阴阳图"。

我指着刚画好的"阴阳图"对学生说:"简单起见,图左边是'写',右边是'想'。数字1、2、3、4分别代表论文写作的四个阶段,阶段1'写不出来';阶段2'写了一些';阶段3'进展不错';阶段4'准备投稿'。'天下万物生于有,有生于无'(《道德经》第四十章),'写'的问题是'想'的问题引起的。论文写作呈N形发展,目标是'投稿'。'牵头'的是思想,想好才可能写好,早期是一步步想,一点点写,到了后期,由于想得清楚,所以写得清楚。所以,要从左上阶段2跳到右下阶段3后,你才开始觉得'进展不错',最后,'想'和'写'都清楚了,就到了右上阶段4'准备投稿'。"

只不过短短几句话,既不全面也不具体,但学生们听后,个个都能立马"对号入座"。他们知道,我说话比较直接、简短,每次讨论一般不超过十分钟,因此,我们抓紧时间,针对具体情况,讨论应该"怎么办"。

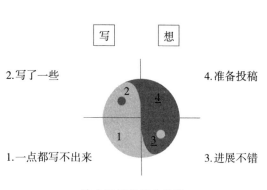

论文写作的四个阶段

第一类，论文"一点都写不出来"。这主要是博一学生遇到的情况。尽管他们读博前就"看到"博士学位并非硕士学位的"线性延伸"，但是当他们亲身体会时，仍然会因为难度大而担忧。我们讨论后认为，"问题在于'只有一点模糊的'想做什么'，**想不清楚，就写不清楚**"。俗话说："万事开头难"，但是"天下无难事，只怕有心人"。**有心，还得有力**。既然决心读博，就要继续努力，"沉浸"在"一筐筐"的文献中，"站在前人的肩膀上"，去寻找属于自己的好想法吧！

第二类，论文"写了一些，但没有把握"。问题到底是，比如，"立意不错，创意不够"还是"创意不错，立意不够"？对此，我们讨论的结论是：**"肚里有货"才能"心中有数"**。既然"千疮百孔""漏洞百出"，何不回归文献、搜寻理论、佐证想法并逐渐完善？俗话说，**"磨刀不误砍柴工"**，既然**"想"得不够，就要继续用心、动脑，边想边写，边写边想**。

第三类，论文"进展不错，但有些问题没太想明白"。对此，我们讨论后认为：要细心（"The devil is in the detail"，魔鬼在于细节，细节决定成败），**还要严谨（"严""格"+"谨""慎"）**。想法已经"定下来""可以做下去"，但是，写出来的最多只是"半成品"，"还有很多活"要干。"如切如磋""如琢如磨"。要继续不时地梳理文章的重点、逻辑和层次，**让读者"一看"就觉得"作者有想法，也懂得要怎么写"**。

我们还讨论到，不能一味"埋头苦干""闭门造车""盖'空中楼阁'"，而要**"虚心求教、广开思路"**，更要**"从实践中来，到实践中去"**。

我们也讨论到，写论文一定不可前言不搭后语，而要做到**前呼后应**。研究主题确定后，要有针对性地提出几个问题，然后针对每个问题，提出论点，收集论据，进行论证。**不可"虎头蛇尾"**，前面提三个问题，中间只有两个论点，最后只解决了一个问题就草草收尾。有"来龙"，还要有"去脉"。

讨论"小结"：**有心，用心，细心**。好论文不是"写出来的"，而是"想出来的"和"改出来的"。先想后写，多想多写，想得一清二楚，写得明明白白。"水到渠成""准备投稿"。

学生都有悟性，一讲就懂。他们努力的方向，也正是我一直努力的方向。**发奋＋勤奋，想法＋做法**。每一次同他们讨论，我都获益良多。

我喜欢跟学生讨论。

2016 年 10 月 31 日

特别感谢：蔡益书，丰超，冯文婷，简予繁，薛健平，战歌

1-12　道不远人,当下即是

"游学",顾名思义,是走出校园,找一个合适的地方一边"游"(包括"东张西望"),一边"学"(包括"谈天说地")。

这几年,几乎每年春秋两季,我都各找一个周末,与武汉大学营销专业的博士生们游学,有时也有老师及武汉其他高校的师生参加。去年秋天那次,我们去了武汉郊区黄陂的木兰山(见本书彩插图片 52,请参阅本书 4-13 木兰不是传说)。今年春天这次,我们去了东湖落雁景区(见本书彩插图片 54)。那天去的同学来自武汉大学、中南财经政法大学、中国地质大学(武汉),除了博士生,还有硕士生以及一位已被录取为硕博连读的本科生。

景区空气新鲜,水陆相连,植被茂盛,水鸟众多,还有一批体现楚地民俗文化历史的雕塑和建筑。由于地处郊区,游人不多,既不拥挤,也无喧哗,我们轻松地走着聊,坐着侃。一路上,我问同学们答,或同学们问我答,讨论热烈(互相"讨"教 + 议"论")。

一踏入景区大门,我就问大家,**导师最喜欢什么样的学生?** 同学们七嘴八舌,各抒己见。一个说:导师喜欢善于思考、逻辑性强的学生。另一个说:导师喜欢活泼开朗,但也能"坐得住"的学生。还有一个说,导师喜欢积极主动地与自己交流研究想法的学生。有位博一的学生说,在生活中他认为自己性格比较外向,"喜欢交流",但在学术研究中却"害怕开口",原因是"目前做得还不够好",在导师面前有顾虑,畏惧讨论。因此问我,应该怎么办?我说:"导师学术上很强,要求高,是你的幸运。**不要活在导师的阴影里,而要成长在导师的阳光下。多与导师沟通,拉近距离,会收获更多新东西,进步更快。**"成长与自信的培养需要时间。我相信,下次游学时,这位同学将会变得更自信,会说自己不再害怕与导师讨论了。

博二、博三的学生承受着发论文与毕业的巨大压力。那天正好武汉举办马拉松比赛。一位博三的学生说:读博就像参加马拉松比赛,跑到终点需要坚持下去的毅力,尤其是在身心极度疲惫时,仍要有不放弃的勇气!这位同学相信,自己能坚持到终点并获取"马拉松完赛纪念牌"。我说:"你一定能!"另一位同学说:"每个阶段遇到的挑战都不一样。要不停地调整,保持前进的动力。"我说:"是这样!"读博不容易,遇到的困难就像景区里的小山,翻过一座,又来一座。所以,**老师要多鼓励学生**。

同学们一致认为，**导师的指导对他们帮助很大**。一位同学说：导师曾经一再提醒自己要从文献中"跳出来"——看着眼前的翠绿青山——突然"顿悟"："既要走进山中，还要走出去，能进能出，**学会'看山是山'与'看山不是山'**"。另一位同学接着说："我的导师说过，'**研究是 re-search，是反复寻找，反复试错，反复打磨**'。"正好与前一位同学说的"能进能出"呼应。后来，第一位同学在游学感想中写道："游学回来，我开始尝试既身在其中也身在其外，以'跳进跳出'的方式阅读文献。"第二位同学则在感想中写道："导师曾说，**自信不是天生的，而是慢慢累积，逐渐建立起来的**。以前读本科时，老师也说过：'很多事不难，只是不容易。'我们在科研中常遇到困难，但只要坚持下来，或许并没有想象中的那么可怕。"

　　大家也提到，**参加导师们组织的例行研讨会以及与同学合作很重要**。一位同学说："现在的研究，大多是大家一起做，融入大家的智慧。**合作研究是一条很长的路，不要过分计较得失，只有大家都高兴了，才能一起'玩'下去**。"另一位说："我读本科时，在校创业。本科毕业后又创办了自己的公司。现在，一直考虑如何在学术之路中将理论与实践有效地结合起来。自己**多看、多思、多想固然重要，但有时陷入困惑，需要开解，研讨会很有用**。"

　　这样的讨论，对那位已被录取的硕博连读生也有启示。这位同学发言踊跃，写的感想也深刻。其中有句说："我幸运地被录取为硕博连读生，源于自己'练手'时写了一篇论文，发现自己对学术研究'不讨厌'、有兴趣。听了师兄师姐们的话，明白了自己**要早作准备**。"确实如此，有备无患，胜算可期。

　　不知不觉，几个小时过去，我们肚子饿了，于是找了一家农家餐馆吃午饭。"遵循""惯例"，同学们每人向我提一个问题。菜上得很快，也很可口。这导致我的回答比平时简短的回答还要简短。我回答后，没有人要我再作解释。"公平"起见，游学结束后，同学们按照我的要求，每人写一篇感想交给我（一页为限），我"点评"后返还，大家继续交流。这是真正的"共享"。下面是几个例子：

　　"读博的感觉犹如吃苦瓜，极苦却又新鲜、刺激，而后清脂去热、余香袅袅。好处只有自己知道。"以苦为乐，精神可嘉。我平常也喜欢吃苦瓜，以后会吃更多。

　　"遇到问题，需要和导师交流时，我建议，**不要一遇到问题就把问题抛给导师，让他帮你想解决方案；应该自己先拟订几个解决方案，让导师做选择题，而不是做问答题**。请导师帮我们分析，这些解决方案中，哪个可行性更高，这一方面有利于提高我们自主学习和思考的能力，另一方面也可以提高我们与导师的沟通效率。"这个建议好！

　　"**要给自己定一个个目标，然后一个个实现**。"是要这样！老子说的"**慎终如始，则无败事**"（《道德经》第六十四章）不就是这个意思吗？

　　这样的游学，同学们觉得有收获。我也有收获！以后，我要继续与同学们游学。

　　下次去哪儿呢？

2018 年 4 月 28 日

　　特别感谢：陈香，龚宇，贾煜，简佩茹，刘洪亮，刘子源，罗杨，王锦堂，王薇，王璐，叶青，郑仕勇

1-13　当年我为什么要博士生们学游泳？

我在香港城市大学市场营销学系任教时，曾经连续几年有内地高校的博士生前来参加为期三个月的营销夏令营。报到当天，我就对他们提出三个以"游"字开头的正式要求：游泳、游学、游香港。

游泳，每周集体游泳两次，只有学会才能"毕业"；**游学**，每周集体登一次学校附近的笔架山，在轻松愉悦的自然环境中讨论研究；**游香港**，周末四处走走看看，了解香港的风土人情。后两个要求的"落实"，已在《佛光山的星巴克——〈道德经〉的启示》和《登山观海：146位管理学研究者的求索心路》两本书中留下不少文字与照片。至于游泳，书里没有照片。一群人身着泳装，"拥""挤"在水里，不太好拍照。但是，我记得有两位同学写过文章，一位说我要求"严格"，还有一位声称是被我"警告"后才学会游泳的。

几天前，我在微信群里问："还记得当时我为什么要大家游泳吗？"共有20位同学答复。

周玲："行行相通。游泳与求学，都要克服恐惧，顺势而为，找到自己舒服的方式，循序渐进。"

廖俊云："游泳跟做学术一样，老师教原理和基本动作，但要掌握必须自己下水练习，还要努力游到对岸，不可半途而废。"

王新刚："周老师用'拖下水'来培养博士生，我们要自我磨砺，才能'爬上岸'。"

彭璐珞："游泳跟行山类似，既劳逸结合，又可体会学问之道。"

闫泽斌："一种游学。'游'中'学'，锻炼和提高自己。"

姚琦："周老师希望大家通过游泳，培养'一鼓作气、锲而不舍'的科研精神。"

郭昱琅："每个人刚游的时候都有自己的方式，要学会收放自如。"

陆雨心："我参加夏令营之前不会游泳，刘晨晨、熊小明师兄和陈劲松老师教了我很多。看人游，觉得很轻松，不同的人教了不同的技巧，下水后，自己还是不断呛水、浮不起来。多练习，实践出一套适合自己的方法后，才算真的会。"

胡琴芳："去香港城市大学以前，我从来没有下过水。我从'怕水'变成了'爱水'，并切实感受到了柔韧和坚持的力量。感谢我的教练金璐欣。"

陈鑫："在泳池中自由舒展，通过使力与借力到达终点，犹如探索于知识海洋，看似广袤无边，却又始终身处其境！"

王凤玲："学习求生技能+锻炼心智。学游泳与做研究相通，我明白了坚持和不断自我突破的重要性。"

王璐："游泳是动，研究是静。动静结合，才能相得益彰、相映成趣。"

张慧："永远保持对生活和生命的热爱。"

于雪（**2015年夏令营最佳游泳进步奖获得者**）："遇到困难要积极地克服，突破障碍。"

池韵佳:"学会'勇往直前'。"

伍健(**2015年夏令营最佳游泳教练奖获得者**):"让大家体会'海阔凭鱼跃'之感,同时结合'登高望远'磨炼我们的心性和耐力,此乃'上山下水'也。"

王勇:"明白做任何事都需要持续的付出。"

王伊礼:"锻炼身体,从预防颈椎病开始。"

王进:"学求生。"

那时,我要博士生们游泳,是为了帮助他们培养科研独立性。游泳与科研,表面上风马牛不相及,但内里却有异曲同工之妙。最重要的是,两者都需自己完成(见《佛光山的星巴克——〈道德经〉的启示》1-10曲阜:想起孔子,不亦乐乎)。即使有人教,下了水,憋气、吐气、换气、划水、踏水、潜水,都得独立完成,胆怯、呛水、手脚不协调、用力方式不当、体力不足,等等,都得自己克服。从不会游到会游,必须一步步来,无法"蒙混过关"。香港城市大学的泳池中段是深水区,一旦进入,几乎没有退路,只能勇往直前。

旧事重提,大家的回忆看似各不相同,但细想,几乎都与"培养科研独立性"有关,有的比我当时的思考更为深刻全面,更富哲理性。

差点忘了,那位说我要求"严格"的同学是王凤玲,她在上文提到的文章里写道:"**做任何事情最大的障碍就是自己内心的怯懦。不仅仅是学游泳,读博和做研究又何尝不是如此**。"那位声称被我"警告"后才学会游泳的是于雪,她写道:"那时,我正在写学术生涯的第一篇论文。……有时觉得自己想清楚了,写的时候才发现根本就没有,甚至想要放弃,可想起第一次奋力游过深水区的情景,又激励自己慢慢理顺想法,坚持到最后。在设定游泳目标的同时,我也会设定每天的工作量目标,继而努力实现。文章初稿得以完成,要感谢游泳的陪伴。"

香港城市大学泳池水质好,举办夏令营的5月到8月是香港最适宜游泳的季节。难怪余樱说:"游泳带来了学术与锻炼双丰收。夏令营结束时,很舍不得城大的泳池。"在这个多年收费保持8港币一次的泳池,我与同学们一起提高生存技能,一起锻炼身体,一起培养心性,因地制宜,物尽其用,充满乐趣。

微信群里的讨论告一段落。"前后相随"(《道德经》第六四章),如今,这些当年青涩的博士生大多已进入高校当教师,也在培养学生的独立学习与科研能力。**每位老师对于教书育人都有自己的思考和方法,如有机会,我想向他们逐一请教,从他们培养学生独立科研能力的"独门利器"中获益**。

2018年2月10日

特别感谢:周玲,廖俊云,王新刚,彭璐珞,闫泽斌,姚琦,郭昱琅,陆雨心,刘晨晨,熊小明,陈劲松,胡琴芳,金珞欣,陈鑫,王凤玲,王璐,张慧,于雪,池韵佳,伍健,王勇,王伊礼,王进,余樱

请参阅:

1. 王凤玲(2016),《登山观海:146位管理学研究者的求索心路》,北京大学出版社,1-14战胜怯懦,勇往直前。

2. 于雪(2016),《登山观海:146位管理学研究者的求索心路》,北京大学出版社,1-24运动给我精神陪伴。

1-14　读博什么最难，如何解决？

2017年6月底，我从香港城市大学（以下简称"城大"）市场营销学系退休。退休前半年，我参加了系里七场博士生学位论文答辩，这是我在城大工作23年间参加博士学位论文答辩场次最多的半年。七场当中，两场是在位于苏州的中国科学技术大学-香港城市大学联合高等研究中心进行的，两位联合培养的博士生在那里答辩。我提前一天飞过去，第二天早上八点开始，连续两场，答辩结束后，一份盒饭下肚，擦擦嘴，迅速乘车去上海浦东机场，以确保不耽误当晚回香港的航班。参加答辩的同学中，五人申请学术研究型哲学博士学位（PhD），两人申请实践研究型工商管理学博士学位（DBA）。我是其中六场的答辩委员会主席，还有一场作为导师不能发言，只能作为委员会成员旁听，并参加答辩后决定是否通过的投票。最后一场在6月下旬进行，离我在城大的最后一个工作日不到十天。最高兴的是，所有同学的答辩都一次通过了（见本书彩插图片27、28）。

我感恩能有机缘"一口气"参加这么多同学的答辩。其他同学有许多尚未走到他们这一步。"老兵站好最后一班岗"，我觉得有义务写一篇短文，帮助这些同学传播其读博的经验。于是，我请他们"助人为乐"，用300字回答以下问题："读博什么最难（只讲一件），如何解决"？由我"汇总"成一篇短文，通过我的下一本书《学问人生——〈道德经〉的启示》（即本书）来传播。看了他们的回答，发现有些"最难"是我没预料到的。

如何选题。三位同学认为选题最难。学术研究型博士生一般没有或只有很少的工作经验，选题过程多是"从天到地"（由学术文献入手）。一位同学写道："读博初期，由于导师没有指定研究方向，而自己也缺乏文献阅读积累，因此无法判断研究问题的质量，走了不少弯路。后来，导师帮助确定了一个研究方向，读文献时变得聚焦和细致。"这位同学还写道："与导师讨论和反复深入阅读一个领域的论文，是了解该领域并找到好研究问题的有效方式。"

相比之下，实践研究型工商管理学博士生都有丰富的企业高层管理经验，选题过程多是"从地到天"（由管理实践入手）。一位同学说："当时找了个宏大的命题，想了一个完全驾驭不了的题目，发现无法写清楚。后来，以行业内一家熟悉并独特的企业作为样本进行调查，一点一点来，由点及面，不断深入，不断思考，逐步开朗，找到可支持的理论体系，才开始写。"他的体会是："**写论文和盖房子一样，先想清楚再动手也不迟。**"

无论哪种类型，博士毕业论文对独创性的要求都很高，必须大量阅读文献，了解现有的研究。一位同学说，开始时，只是笼统和模糊地想做某个领域的研究，看文献时才发现，已有很多相关研究，很难找到一个"突破点"。于是产生焦虑，甚至怀疑是否要换领域。他说："这方面，导师清楚，和导师讨论很重要。看文献时，要按发表时间由近及远倒过来看。因为新文献中有对旧文献的综述，**要重点阅读文章的讨论部分，这样有助于了解选题的学术价值和贡献。**"

如何建立信心。一位同学是使用纯理论的数学模型来研究营销问题的。步骤是：建立模型，推出结果，分析结果，讨论管理学意义。在很长一段时间内，她的困扰是："想"出来的模型是对的吗？真能帮助人们理解世界和解决问题吗？读科学史使她茅塞顿开："牛顿运动定律也是'想'出来的。"做她这种研究，**界定"边界"很重要**。"正如英国统计学家 George Edward Pelham Box（1919—2013）所说的：'All models are wrong but some are useful'（所有的模型都是错的，但是在有些情境下是有用的）。"

另一位同学说："在读博以前，我一直是'乖乖女'，这导致我总爱跟着别人的思路走，对自己的观点缺乏自信。在研究初期，总换方向。慢慢地，我才明白研究很难做到完美，只要有办法'自圆其说'，就有机会把文章'卖出去'。"在立场不坚定和脆弱时，师友们的精神鼓励也很有效。但最终，"科研的道路很长，**摔跤和磨炼能帮助自己逐步建立起信心**"。

还有一位同学认为，"不去做"是"痛苦"最重要的来源。"记得做第一个课程汇报时，怕东怕西，只想逃逸，老师鼓励道，'别想着结果，只管做，毕竟做得不好的话，难受的是别人'。"她说："进入'新天地'时，身体里总会有一种强有力的反抗力量被激活。要逼迫自己去做。**做不做是第一个环节，做得好坏又是另一个环节，按顺序来解决，信心慢慢就跟着来了。**"

如何获得家人的支持。一位同学读博期间，丈夫去国外工作，双方互相照顾不到。于是，她修完课程后也去了国外，"写毕业论文阶段，往返香港多次，经济负担很重，但是心里舒坦多了"。她写道："这几年读博，多了一点处理感情问题的经验，那就是深度地了解对方的需要，有效沟通，尽快找到解决办法。**读博很辛苦，家人的支持异常重要。心里舒坦了，再苦也甘。**"

力量来自探索。感谢七位新科博士腾出宝贵的时间，在记忆犹新时分享读博心得。我毕业多年，读博的"痛苦"早已"抛到脑后"，怎么也写不出这些切身感受来了。说是由我"汇总"，其实也是在向他们学习。老子说："**知人者智**。"（《道德经》第三十三章）世界天天在变，每天都有新事物要学，**常新常学，常学常新**。

2017 年 7 月 20 日

特别感谢：李苗，欧波，沈璐，解尚明，张汀，郑斯婧，朱潇璇

1-15　文章自己写，学问大家做

几天前的一个夜里，临睡前，我想到了上面这句话。这句话看起来像是一个"假设"，是否成立还有待"证明"。

第二天一早，醒来后，我就去寻找"证据"，让事实"说话"。"假设"无论是被支持还是被否定，我都将"坦然接受"。我上网查了市场营销学出版年头最长的学术刊物——美国市场营销学会出版的 Journal of Marketing（《营销学报》）。1936 年创刊那一年，《营销学报》刊发了 21 篇论文，每篇都只有一位作者。80 年过去后，2016 年《营销学报》刊发了 37 篇论文，每篇至少有两位作者。这几年，在国内外其他营销学刊，乃至其他学科的学刊，作者联合署名的文章也比单独署名的文章更为普遍。这是什么原因呢？难道，人们不再相信"文章自己写"了吗？我开始和几位青年学者在一个微信群里讨论写文章和做学问的关系。

一个说，"**功夫在诗外**"（陆游《剑南诗稿》卷七十八）。学问为虚，文章为实。虚以带实，实以促虚。"台上一分钟，台下十年功。"做学问是"夯实""看不见的""地基"，写文章是"建造""有脸有面"的"房子"。

另一个补充说：学问确实都在文章外。因为**学问大，文章小**。古人说："**言不尽意**。"文字无法充分表达作者的思想，文章的言外之意还得靠读者自己领会。**佛家有"指月之指"一说**：指头可以让我们看到月，但千万别把指头当成月亮本身。文章是指月的手指，而学问则是月亮，切不可将文章等同于学问。说得很有哲理。

其他几个说：**做学问如盲人摸象**，由于每个人的角度都不相同，因而写出来的文章也只有"一管之见"。**若想掌握大象的全貌，大家需要分工与合作**。而且越来越多的研究是跨学科、跨国家、跨文化的，只有博采众长，才写得出文章。因此，一篇文章有多位作者不足为奇。

也有人认为，**互联网时代提倡共创，写文章也一样**。以前，人们怕合作而丧失竞争力，现在，人们为提高竞争力而合作。一个好汉三个帮，众人拾柴火焰高。

经过讨论，我似乎清楚了一些。

写文章方式的转变与我行山的过程有些相似。香港是座"山城",1994年我搬到香港后不久,开始行山,大多为独行。行得多了,总能碰到其他行山爱好者;与同事交流多了,发现他们当中也有行山爱好者。大家接触以后,互相交流,发现我们不仅"道合"而且"志同"。于是,大家有时结伴同行,一路上相互鼓励,彼此帮助,有说有笑,甚至曾乐而忘返,在山中迷路,到了天黑才找到下山的路,因此引起家人们的担心。不过,近郊的山离市区的灯光不远,山里的天不全暗,地不全黑,慢些走就行,有惊无险。通过行山,我交了很多朋友。比如,我和香港城市大学体育部的一位同事因行山结缘后,曾合作组织过几次行山活动。

与众人行山相似,**"文章"以"文"为基础,发展为段落,便能拼接成"章"**。一篇文章,除了自己写,也可由几个人合作一起写。我参与发表的文章有许多是这样"拼接"来的,但这不是简单的"拼接",更不是"拼凑",而是每个人"扬己所长",根据自己的所思所想与分工,各负责一部分,然后交流"心得"和"技巧",互相"修改","鼎力合作"。在"修"和"改"时,互相"学"和"问",有时还会"争"和"辩",直到"面红耳赤"。如果后面不能"心平气和"下来,可能会"不欢而散"——前面合写的"文字"和"段落"无法成为"文章",付出的努力只好"付诸东流"。幸好,我至今还没有碰到过这么又悲又惨的结局。

当然,从可操作层面看,文章还得"自己写"。稚童握笔尚不稳都已经嚷嚷着"我要自己写",何况大人?一篇文章,具体到某个段落,两个人或更多的人怎么坐在电脑前一起写?一个人想,另一个打字?如果两个人"看"法不同时怎么办?还不如分开各自写。这就跟吃饭一样,不能说"我肚子饿了,我看你吃吧"或"我肚子饿了,你帮我吃吧!"

因此,讲**"文章自己写"是对的,"学问大家做"应该也没错**。突然,我意识到,这篇随笔的相当一部分是"大家"讨论的结果,就是"一起做"出来的。这里说的"大家"是上面提到的微信群里的青年学者和我,我们志同道合,共同致力于将中国文化应用于营销领域的研究。**"有无相生,难易相成"**(《道德经》第二章),我们一起写文章,一起做学问,还一起游学以及参加国际会议(见本书彩插图片63),联合署名的文章也越来越多,意味着**我们做研究从"以一己之力"变为"乘众人之智"**。

如果上面这些"证据"能站得住脚,那么,你说本文的标题是否也能站得住脚呢?

2017年3月31日

特别感谢:彭璐珞,童泽林,王新刚,周玲,周元元,张琴

1-16　学者发文章，智者出思想

被冠以"学者"之名好多年，早已习惯了这顶帽子。最近突然问自己："学者"到底是做什么的？

思来想去，没有答案。看来必须找个标准，进行比较。有比较——"比划"和"较量"，才能鉴别——"鉴定"和"区别"。通过鉴别，"暴露在阳光之下"，就清楚了。

想到一个标准："学者发文章，智者出思想。""出道"以来，**我发的文章多，出的思想少**。当然，我发的文章其实也不算多，离"著作等身"尚远；说"多"是相对于出思想的"少"而言——至今没有"出"可以"传世"的思想。**"自知者明"**（《道德经》第三十三章），不高估自己是对的。

但是，我仍然希望自己的文章有些思想，也总对学生们说，写文章时，"使劲"把思想性"拔高些"，还要向唐朝诗人贾岛学习，反复琢磨，反复"推""敲"。据说，贾岛有次去拜访朋友李凝，写了一首诗《题李凝幽居》。其中有句是"僧推月下门"。吟诵几遍后，想将"推"改为"敲"，但拿不定主意，于是将诗念给韩愈听。韩愈说："用'敲'字更好。拜访友人，敲门代表有礼貌。而且，夜深人静，一个'敲'字，读者可以'听到'声响，读起来也响亮些。"贾岛于是将句子改为"僧敲月下门"。

"思想"为何物，从何而来，去向何方？

我想把"思想"拆成"思"与"想"两部分。两部分亦同亦异。同是下部的"心"，起支撑作用。因此，**"思想""是用'心'"**的产物。异是上部的"田"和"相"，"田""引领""相"。下过中国象棋的人都知道，"相（象）飞田"——沿着"田"的对角线从一端"飞"到另一端。"田""静"，"相""动"，"静"先于"动"。因此，**"思""大于""想"**。

读一读李白的五言诗《静夜思》就清楚了："床前明月光，疑是地上霜。举头望明月，低头思故乡。"讲的是发生在夜间的"思"，因"静"而发。看着"床前明月光"而生"疑"，"疑是地上霜"。我小时候在福建沙县乡下生活，夜里常没有电灯，连用油灯也要节省，因而总是盼望夜里有月光。那些年，明月夜，看月光洒在地上，觉得像水一样；跟父亲学唱电影《赤峰号》的主题歌《等待出航》，第一句是"银色的月光"，一边唱，一边想象，从舰艇上看到的月光是银色的；冬天经常冷到零度以下，但从未将月光"疑"成"霜"。

我没有"胡思"，因而不会"乱想"。李白不同。孤身远客，静月夜，低头看着床前的月光而生"疑"，由"疑"生"情"，从"静"到"动"，"举头望明月"，联想到故乡。然而，故乡在千里之外，想也没用，头便慢慢低了下去，浸入邈远的沉思之中，从动归静。

李白是诗"仙"，有许多奇思妙想，酒醉可以成诗，妙不可言。奇思妙想是"奇妙"的"思想"，既"奇"又"妙"。许多时候，普通人有的只是些"火花"——"带火的花"，若想留下一些思想，后面还得**左思右想，昼思夜想，千思万想**，还要经过"**千锤万炼**"。

胡思乱想，奇思妙想，千思万想。李白从"胡""乱"到"奇""妙"，天生奇才，常人无法企及；普通人从"火""花"到"左""右"、"昼""夜"，还要"千""万""锤""炼"。**心要静，苦功要下**，但不一定在夜里下。我总觉得，夜里能"思"得出的好诗句早已被李白"想"尽了。

对了，李白那些奇妙的本领全是天生的吗？上小学时，听大人讲过一个故事，说李白小时候看老奶奶将铁棒磨成针后，开始下苦功夫，"千锤万炼"之后，才成为一位伟大的诗人。

这么说，李白也是普通人？

当了多年"学者"，哪有可能不"胡思乱想"，更难免"胡言乱语"。敬请各位读者对我"千锤万炼"。

2017 年 11 月 21 日

1-17 永远向学生学习

2017年1月5日上午，白乐寿（Russell W. Belk）教授和我在香港"会师"。我们都是香港理工大学一位博士生的毕业答辩委员会成员。白老师是我在美国犹他大学读博时的老师，现在加拿大约克大学任教。这是我们第一次同在一个毕业论文答辩委员会。

答辩前，白老师就已经撰写了89条评审意见。在答辩现场，他又提出了一些新建议。答辩后，他对该博士生说："你的研究有新意，值得做！"白老师是专程来参加这场答辩的，1月4日晚上抵达香港，1月6日便飞回多伦多。他已年过70，**"不在路上，便在书里"**，感动了答辩会场的每个人。

答辩后，曾仕龙（我在香港城市大学带的博士生，现在香港浸会大学任教）带着他的博士生唐漾一来跟我们吃午饭。后来，漾一以"与三位老师聚餐有感"为题写了一篇短文，发到一个博士生微信群里。以下是短文的全部内容：

兴奋而紧张，这是我在导师曾仕龙博士询问我要不要加入与周南教授和白乐寿教授聚餐时的第一感受。作为一名在读博士生，能有幸见到自己研究领域的知名学者，兴奋之情是不言而喻的，可为什么会紧张呢？因为我与两位教授"沾亲带故"：周教授是我导师的导师，而白教授是周教授攻读博士期间的老师。按辈分来说，我应该分别称呼两位教授为"师公"和"曾师公"。有机会拜见这两位师门前辈本已不是易事，加上我虽读过白教授的文章，却从未见过这位"曾师公"，因此，心里不免有些发怵。

见面时，我发现"曾师公"竟梳着颇有艺术气息的马尾辫，并且十分爱笑。打破了原先的刻板印象后，我不再拘谨，加入到谈话当中。令我印象最深刻的是，白教授提到自己凌晨两三点便起床，并持续工作到晚上六七点，更令人敬佩的是，他数十年如一日，未曾懈怠。我相信，每一位博士生都有挑灯夜战、沉浸学术的日子，但我想，**最难也最可贵的并不是一时的冲刺，而是持之以恒**。虽然突然迸发的灵感和激情能为学术之旅增添色彩与乐趣，但却难以作为这场充满未知与风险的旅程的支撑。正如Thomas Carlyle所说，是那些在生活的逆境、挫败和不可能中所体现的执着与坚持，将强者与弱者区分开。处事如此，治学亦然。

另一件值得一提的事情是周教授和白教授关于中国文化的探讨。一开始，我还担心文化差异会带来沟通障碍，可白教授却说："Everything can be explained in Yin Yang"

（阴阳可以解释万事万物），甚至补充了一些例子来和周教授一起回答我关于阴阳定义的问题。之后，白教授更向曾老师和我介绍，周教授读博时，他们之间的交流使他对中国文化产生了兴趣，结果两人开始一起研究中国的消费文化。他的话给我很大的触动。我曾怀疑：阴阳这样的中国概念是否能为学术界所接受？又应该怎样去研究？后来，我阅读了周教授为《管理学报》2017年新开设的《煮茶问道：本土管理研究论坛》专栏撰写的开栏文章后，开始感悟周教授所说的"月是故乡明"。看来，**树立文化自信此言非虚，如果一味妄自菲薄，不敢"回头认爹娘"，怎能取信于人？**

用餐后，我们师徒四代在餐厅门前合影留念。有趣的是，白教授对我说："希望十年以后，你的学生也能加入合影，他将是我的第四代学生。"虽然这只是一句玩笑话，但我感谢"曾师公"的鼓励，**不求我的学术生涯一帆风顺，但求无愧于心。**

读完漾一写的短文，我想补充一些对老师的介绍。"**知名学者**"：白老师是世界闻名的消费文化学者，我昨天在约克大学网站查到他的简历（更新至2015年11月15日），他在营销学界最优秀的期刊之一 Journal of Consumer Research（《消费者研究学报》）上发表了20多篇论文，其中发表年份最多的是1989年，一年发表了4篇；"**数十年如一日，未曾懈怠**"：白老师的高产，除了天赋，离不开他过人的勤奋与充沛的精力。他年轻时跑马拉松。十几年前，来香港访学时，我们一同跑山路时，我落后于他。即使现在，他仍然坚持长跑；"**Everything can be explained in Yin Yang**"：白老师受徒子徒孙们尊重，跟他保持开放的心态、"**永远做小学生**"有莫大的关系。须知，"**美中不足**"——美国有美国的不足，而中国也有中国的不足。"**不自见，故明**"（不自以为看得清楚，所以看得分明）（《道德经》第二十二章）。在我的学术生涯中，白老师对我的影响最深，我曾在一本书里记述过白老师的故事，以表达敬意。

"一年土，二年洋，三年回头认爹娘"，这是漾一提到的我在《煮茶问道：本土管理研究论坛》专栏中那篇文章的标题，阐述了我的学术研究从"天边"（跟随美国思维）走回"眼前"（立足于中国文化）的转变。我高兴地看到，年轻一代的学者也已开始意识到"回头认爹娘"才是出路。

老师永远在学习，我要永远向老师学习。 我只懂一点"北美"，也只懂一点"中国"，而学生们在很多方面比我懂得多，**我要永远向学生们学习。** 我也想借漾一说的，对我的学生们说：**怀大抱负，做小学生，学无止境，"无愧于心"。**

2017年2月7日

特别感谢：唐漾一，曾仕龙，白乐寿

请参阅：

1. 周南（2015），《佛光山的星巴克——〈道德经〉的启示》，北京大学出版社，1-4 盐湖城：永远做小学生。

2. 周南（2017），"一年土，二年洋，三年回头认爹娘"，《管理学报》，14（1）：20—22。

1-18 与君一席话，胜读十年书

史蒂文·斯梅尔（Steven Smale，1930— ）教授是我认识的人当中学术地位最高的。1966年，**年仅三十六岁的斯梅尔获得菲尔兹奖（Fields Medal）。这个奖被誉为数学界的"诺贝尔奖"**，四年颁发一次。

十几年前，斯梅尔老师是我的邻居，当时我们都住在香港城市大学职员宿舍。他是个天才，我对他充满好奇，每次见面，总想从他嘴里探出些"秘密"。斯梅尔老师为人友善，可我的数学知识太少，只能"旁敲侧击"，问些数学以外的问题。

今年年初，斯梅尔老师从香港城市大学退休前，我去他的宿舍拜访他，并写过一篇访问记（《登山观海：146名管理学研究者的求索心路》3-43 **史蒂文·斯梅尔无所畏惧的好奇心**）。

没想到，不过半年多，我们又见面了。他这次回来，是在香港城市大学高级研究院主持一个基因研究工作坊。

9月2日，斯梅尔老师、景祥祜教授与我，三人一起吃午饭，聊了一个半钟头。为了这次相聚，我提前做了些"功课"，又一次读了《斯梅尔传》。

一坐下，我就抓住机会问他："根据你的传记，你获得菲尔兹奖的研究是在里约热内卢的海滩上完成的，对吗？"他笑着给了我一个简短的回答，"Yes, but it needed lots of preparation"（是的，但我前期做了大量的准备工作）。他接着讲了两件事：他上中学时就对宇宙感兴趣，父亲给了他一个小型天文望远镜，他一有时间就用来看星星；在密歇根大学读博士学位期间，有一年导师去普林斯顿大学度学术假，他要讨论研究，开车去普林斯顿见导师。这两件事在他的传记里都有提及。虽然他轻描淡写，但我觉得，第一件事与好奇心有关，第二件事与努力有关。

天才在于勤奋，事实胜于雄辩。景老师经常和斯梅尔老师联系，知道他正在做什么。斯梅尔老师话音刚落，景老师就补充道："He is still very busy at work！"（他仍然在辛勤地工作！）

牛顿在学术上取得卓越成就后，晚年开始对宗教感兴趣。我问斯梅尔老师，怎么评价这件事。我相信我不是第一个问这个问题的，我也相信他清楚我问的意思是，到他这个年纪，是不是也对宗教感兴趣。他没有直接回答，而是说，"I am keeping up in learning, and making progress"（我仍在学新东西，并有所进步）。他解释道，他正组织一批研究人员研究人类基因组（Human Genome）的数学结构，这次回香港城市大学主持的工作坊就与这个研究有关。

他问我："What are you doing?"（你在做什么研究？）我回答说：我还在研究《道德经》。他问：《道德经》的核心思想是什么？我说，"是第一章的头两句话：'道可道，非常道；名可名，非常名'"（各种各样的"道"都不是永恒的；凡是能够叫得出名字的事物都不可能永久存在）。他听了，说：**古希腊哲学家赫拉克利特说过类似的话，"All things flow, everything runs"**（万物皆变，无一例外）。我从未听人用英文讲过这个人名与这个说法，于是请他写下来。他顺手在一张餐巾纸上写了"Heraclitus"（赫拉克利特）与"All things flow"。接着，他又简短地解释了一下。我听罢，说听过这句谚语，不过是另一个版本的英文表达：**"No man ever steps in the same river twice"**（没有人可以两次踏入同一条河流）。他说，这句谚语是有几个英译版本。

那天见面，**没想到"建立"起了一个老子与赫拉克利特之间的"链接"。这是一大收获**。我想——在我的下意识里——人类的智慧有极限，而宇宙的真理高不可及，因此我不用"想太多"。庄子说过："**吾生也有涯，而知也无涯。以有涯随无涯，殆已！**"（人生有限，但知识无限，用有限的人生追求无限的知识，必然失败）。相对而言，我觉得，**斯梅尔老师更相信"变化永恒，求索无限"**。他已经86岁，仍在不知疲倦地探索科学的"无底洞"，令人敬佩。

美好的时光，总是短暂。分别时，我对斯梅尔老师说，"You look good"（你看上去精力充沛）。你猜他怎么回答？——**"I hope that I can still give lectures when I turn 96"**（我希望96岁时还可以上讲台）。他还对景老师和我说："我已经约了几个朋友星期天去行山。欢迎参加！"

2016年9月17日

特别感谢：史蒂文·斯梅尔，景祥祜

请参阅：

史蒂夫·巴特森（2002），《突破维数障碍》，邝仲平译，上海科技教育出版社。

1-19　文章千古事：
遗物，文物，文献

几年前，偶然读到前辈哲学家叶秀山先生（1935—2016）的文章"关于'文物'之哲思——参观台北故宫博物院有感"（《哲学研究》，1993年第7期），其中有好多高妙的观点。

比如，看到那些珍贵的展品，引起他联想"物""文物""文献"之间的关系：人们早已不再使用的"物"，由于"文"的原因，转化成了"文物"——"文化之物"或"人文之物"；"文物"与"文献"不同，**"文物"具有物质性，"文献"具有精神性**，但广义来说，**"文献"是"文物"**；"文献"是历史事物以文字的形式保存下来的"遗嘱"，是古人"精神"的载体，本意为使之"传诸久远"；"物"是"死的"，只能留下"痕迹"，"文物"是"活的"，能够成为"符号"，进而撰写成"文献"，代表"生命力"，因为**"精神不死"**，使"传承"成为可能；"文物"是"物"与"文献"之间的媒介，作为"物证"，展现生活、生命与时间的延续性，**"文物"与"文献"都会"说话"，它们"倾诉"，人们"倾听"**。

叶先生的文章，引起我对时下流行的"实证"研究的一些联想。**"实证"研究似乎是一个将"遗物"转变为"文物"再转变为"文献"的过程。**

"实证"，顾名思义，是用来证明某个观点的"实"际存在的"证""物"。研究者"没事找事"，绞尽脑汁，或"大海捞针"，或"沙里淘金"，"挖""掘""现象"/"数据"乃至"大数据"，而后"构思"与"解读"。他们**寻逻辑，求因果，讲故事**，通过"推理"/"推论"，"理"出"文脉"，"论"出"文""味"，把从"切断"的"事""物"（"针"或"沙"）中"筛选""提炼"出的"明证""链接"起来，"确""认""不'错'"（"确""实""认"为"没有""大""错"）、"讲得'过''去'"以后，"自圆其说"，写成"文"之"章"，投给刊物（"刊"载文"物"故事、研究者"会""见""倾诉"者的地方）。"走运"的话，文章被刊物"认可"（"认"为"可"以"接受"），"刊"了"出""来"。"走运"需时，少则几日，多达几月到几年。**伴随时光流逝，"文章""问世"**（闻名于世。"问"通"闻"）之日，文章里的"现象"/"证物"早已被历史遗忘，成为"遗物"；在写作过程中，其性质已经发生了变化，由"物性"变为"文性"，从"遗物"变成了"文物"，最终变为"文献"，"贡""献"出去，"束之高阁"，供人们"倾听"。这是一个由"物性"到"文性"最后到"精神性"的蜕变。

我惊叹于研究者的工作！他们"好厉害"，可以从"蛛丝马迹"中寻到"来龙"，再想到"去脉"，"死去"变为"活来"（死里逃生），"脱胎换骨"，"上升"为"生龙"或"活虎"（涅槃重生）。他们"注视"过去，"影响"当下，甚至"设计"未来。他们**"探""索"的"贡""献"不在于"空间"价值，而在于"时间"意义。"传""物"为"有"，"统""思想"与"精神"为"无"**。文以载道，以文化人。

"文物"与"文献"之价值均来源于"实"。倘若文章缺乏"实实在在"的"证""据"，纵使文法再妙，终会被视为"赝品"。高仿之文物，纵然外形万分接近，因为不"实"，"以假乱真""浑水摸鱼"，其价值不过原物之万一。我也参观过台北故宫博物院，那里的东坡肉形石、翠玉白菜、毛公鼎最为著名，并称"镇馆三宝"。无法想象，如果它们不"真"不"实"不"在"，会"吸""引"那么多慕名前来的"朝拜者"。故而，我感叹"实证研究"与"文物鉴赏"之异曲同工之妙，二者无不凭借"去伪存真"，为后世留一份"实"录。因此，**对研究者而言，他们做的一切都必须经受得起"考""验"，才可能有长远意义**。

日前，记者问河南大学教授、中央电视台《百家讲坛》栏目主讲人王立群先生，应该如何看待目前众多的"历史文化产品"。王先生说，**历史分为真实的与古代专业记录的历史、传播的历史和人们接受的历史**。真实的历史与专业记录的历史是"史""实"，传播的历史指历史读物、电影、电视剧等文化产品等，它们被人们广泛接受后，会形成人们所接受的历史。传播的历史作用最大，因为它能直接影响普通百姓对历史的认知。王先生说，他对现在许多历史类文化产品的质量"实在不敢恭维"，因为"整本书中找不到一处引用历史文献的地方，全是作者自己创造，读来让人难以信服。而许多电影、电视剧更是一味追求票房，缺少了历史的严谨性。所以说，现在的历史类文化产品充满了娱乐性，与其说普及历史，还不如说是消费历史，很容易误导读者。王先生说："**传播历史，既要对得起百姓，也要对得起历史。**"（http://news.china.com.cn/txt/2012-10/15/content_26801295.htm）

我说的"遗物""文物""文献"与王老师说的历史形态是对应的。从"遗物"到"文物"，再从"文物"到"文献"：从"地"到"人"，再到"天"，一步一步地"登""天"，"草"变成了"宝"。叶秀山先生曾说，"进博物馆的恰恰不是看重它'死'的一面，而是突出它'活'的一面，进博物馆的正是'活'东西。'博物馆'不是'坟墓'，而'坟墓'一旦被'显现'（挖掘）出来，或可成为'博物馆'"。所以，进入"博物馆"的文献要经得起考量，否则会"贻笑大方"。

"多言数穷，不如守中"（《道德经》第五章）。"废话"过多，会让自己陷入困境。"文章千古事，得失寸心知。"做"实证"研究，不对，应该是做"任何"研究，都必须严谨，不实不做，尽量"不'错'"，还要经得住历史的考验。

2012年12月5日

特别感谢：王琳琳，余承科，潘海波，王庆涛

说明：本文根据2012年11月7日我在武汉大学经济与管理学院一个讲座的部分内容整理，讲座的题目是"**文章千古事**"。

1-20 学问三层楼：
影响力，凝聚力，生命力

60岁那年，我在北京大学出版社出版了第一本随笔集《要钱还是要命——〈道德经〉的启示》。构思这本书时，我对自己说，**书是给人看的，必须对读者有价值**，希望可以帮助读者思考人生的意义。

当时，我想起了前辈漫画家丰子恺（1898—1975）提出的"人生三层楼"论："**我以为人的生活，可以分作三层：一是物质生活，二是精神生活，三是灵魂生活。物质生活就是衣食。精神生活就是学术文艺。灵魂生活就是宗教。'人生'就是这样的一个三层楼。懒得（或无力）走楼梯的人，就住在第一层，即把物质生活弄得很好……高兴（或有力）走楼梯的，就爬上二层楼去玩玩，或者久居在里头。这就是专心学术文艺的人……还有一种人，'人生欲'很强，脚力很大，对二层楼还不满足，就再走楼梯，爬上三层楼去。这就是宗教徒了。他们做人很认真，满足了'物质欲'还不够，满足了'精神欲'还不够，还必须探求人生的究竟。**"作为艺术家，丰子恺将"**探求人生的究竟**"作为最高的人生价值。这些价值体现在他的作品当中。

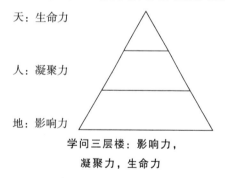

学问三层楼：影响力，凝聚力，生命力

学者做学问，其价值或贡献往往反映在学术成果里，比如文章、著作等。那么，如何评价学术成果的价值呢？我按照自己习惯的"道—天—地—人"思维"依葫芦画瓢"，想了一个或许能体现一部分学术价值或"力量"的**"学问三层楼"：底层是影响力（地），中层是凝聚力（人），顶层是生命力（天）**。所谓"**生命力**"，是超越人生与时代的"**影响力**"与"**凝聚力**"。

影响力。从字面理解，"学问三层楼"最底层的"力"来自"影"子和"响"声。为了"发""力"，作者时刻用劲，用内"力"向外"推"，让人看见、听见。一旦没有了影子和响声，"力"就不存在了，更谈不上有"影响"。要有影响力，做学问、写文章或讲故事时，必须**有新意、有创意**，还要**有些寓意**。影响力的局限是"**见字如人**"，"雨点"和"雷声"都小，由于缺乏"言外之意""弦外之音"，**思想性不强**，读者能"回味"的东西注定很少，受到的影响也只局限于表面。提高影响力得一步步来，**切忌找"捷径"**，比如通过"道听途说"制造"新闻"、"哗众取宠"迎合"时尚"，**那样霎时就会被"看穿"**，读者"识破"后，不再"买账"，自己很快就"站不住脚"。

凝聚力。"凝""固"自己，"聚""集"读者，因为"亲和"，所以"吸引"。学问做到中层，作者因为"上了一层楼"，"水平""高一档"，有了"内功"，"功力""显得""大一些"，读者能看见、听见作者的"洞见"，学问的"影响"上升到了"反响"。由于被作者"感染"，读者的"感觉"（表面）上升到"感想"（里面），心里"感动"（全方位），有了"共鸣"，就会主动"上门""拜访"作者，"关系"从"路上"进到"心上"。之所以形成凝聚力，有众多"粉丝"，是因为作者的创意新颖，故事奇妙，见解独到，寓意深刻。不过，作者要时刻"战战兢兢"，小心，虚心，"不进则退""骄兵必败"。

生命力。"生"是"生生不息"，"命"是"长命百岁"。人生如梦，转眼就是百年。千年"生生不息"之"力"只有老子、孔子等先贤才有。原因是他们的著作是思想与精神"食粮"，不是"理论"，也不是"概念"，更不是"方法"或"工具"。思想处在"学问三层楼"的顶层：来自生活，高于生活；表面是生活故事，里面是人生寓意；通过自己的小故事，展现生命的大道理。"思想"触及读者的"灵魂"，引领读者"思考""考证"，教育读者"突破"局限、跳出框框想问题（Think outside the box），并且永远"不封顶"。

以上是我60岁前后关于"学问三层楼"的一些想法。在课堂上，讲给"初出茅庐"的硕士生和博士生听，或讲给"身经百战"的EMBA学生听，他们都觉得"学问三层楼"的说法有道理，各行各业好像都适用。

说回本文开头提到的那本书，刚出版时，最初买书的主要是同事与学生，后来其他人也买了。一次，听朋友说，有个人去书店，想买这本书，在书架边转了一两圈都没找到。售货员看他走来走去，便上前去问他："先生，您找哪本书？"他回了一句："《要钱还是要命》!"售货员吓了一大跳，愣了好久，才明白过来。还好售货员明白了过来，不然可能就报警了。不知这朋友说的是真还是假。

一个在内地开了多年工厂的香港EMBA同学，看了那本书后，在我的课上发言时谈道："周老师在书里提了一个问题：'创业难，守业难，保命最难？'我看了以后，想了很久，这个问题提得好，保命最难，千真万确！"我回应说："我刚开始教EMBA时，侧重于讲如何'要钱'。后来才渐渐明白，应该讲'要钱还要命'。大多数人想的是'如何成功'，但成熟的人想的是'如何不败'。无论我们做什么，都要懂得老子说的'有无相生'（《道德经》第二章），加法减法都做，才能平衡工作与生活。更应思考'死而不亡者寿'（《道德经》第三十三章），那将使我们的人生更加充实，生命更有意义。"

最近看了一部叫《寻梦环游记》的电影（Coco，港译《玩转极乐园》，台译《可可夜总会》）。这部电影让我对什么是"人生"和"生命力"有了新的感悟。片中有这么一句话，"The real death is that no one in the world remembers you"（真正的死亡是世界上再没有人记得你）。

这么说来，死亡不是人生的终点，被遗忘才是。一位学者，如果他的"学问"没人"关注"，他即使活着，也没有"生命力"。我越来越觉得，入"学问三层楼"，虽然自己的"脚力"永远不够，但一定会继续努力。

2018年7月16日

特别感谢：余利琴

1-21 悟：
渐悟，顿悟，恍然大悟（一）

学生常问："做学问有没有'窍门'？怎么找？"

我在电脑上用拼音输入法输入"窍门"这两个字的拼音"qiaomen"时，屏幕上同时出现了"敲门"与"撬门"。三个词都与"开门"相关，敲门与撬门意味着从外面"敲"与"撬"，但"窍"是"穴里的巧"，应该是从里面开。难道找"窍门"必须"里应外合"？

做学问是不断"开""窍"或"开""悟"。《说文》曰："悟，觉也"，顾名思义，是"我心"对世界的理解，也是我心如何想与做的过程。"开悟"是佛教术语，有"开"智"悟"理的意思。查阅佛学著作，圣严法师（1931—2009）在《正信的佛教》一书中，提到"渐悟"与"顿悟"的关系，解释了如何"开悟"。

圣严法师俗名张保康，生于江苏南通，后来去台湾，是禅宗曹洞宗五十代传人，也是著名的佛教教育家。他在书中说："**顿、渐两种法门，乃是一体的两面。顿是由渐而顿，渐是因顿而渐。没有渐，绝没有顿，有了顿，必先有渐，渐是顿的成因，顿是渐的结果。**"他还说："所谓顿悟，乃是最后一念的点破，或最后一缘的成熟。……生到现世，只要偶受一个禅门所说的机锋，便可一念点破，而顿超悟入凡上的圣域。那么所谓顿悟，就没有什么神秘可言了。……顿悟并不就等于成佛，渐修是修事相功德。唯有积于渐修，才能真的成佛。理以顿悟，事以渐修。"看到这里，顿悟的方法逐渐明朗。"最后一念"好像与前几年马尔科姆·格莱德威尔（Malcolm Gladwell）的畅销书的书名"The Tipping Point"（引爆点/临界点）相似：一个"系统"到了某个"点"，"破"了以后，会产生飞跃或突变。最重要的应该是"唯有**积于渐修**：循序渐进，积沙成塔。"渐修"应该与学生"修"课、"修"学分类似，修到"事相功德""圆满"，才能拿到学位。

做学问，不可"急功近利"。"水到"了，要领抓住了，头绪摸清了，"渠成"就"有希望"。多年前，我与几个朋友在广东丹霞山一个高处的亭子看日出。从寒夜间，黑暗中，"熬"到"破"晓，看着太阳从山岗上"跳"出来，虽没有明显地感觉到

"引爆点",但太阳"露出脸"的那一刻,每个人都很激动,看着火红的太阳冉冉升起,充满喜悦,觉得前面的付出没有白费。

机会是留给勇于进取的人的。"走上领奖台"只是**阶段性**成果,而不是"成佛"。获奖运动员们常说:"走下领奖台,一切从零开始。"他们的梦想是不断提高水平,从县队升到市队、省队、国家队。"顿悟"之路永远是"**千里之行**""**始于足下**"(《道德经》六十四章),强调**连续性**。

就是说,"顿悟"是"**破**",不是"**尽**"。取得突破后,新的"开悟"周期开始了。"爆竹一声除旧岁,桃符万户换新春","老革命"很快就遇上"新问题",就像一年四季,年年相似,但不是简单重复。"年年岁岁花相似,岁岁年年人不同。""不同"之处在于,**水涨船高**。脑袋越用越好用,越加"成熟"或"能干",聪明人越来越聪明,**越加"灵巧"或"机动"**,希望从上个循环的一小步、一小步,迈向新循环的一大步、一大步。**继续向前、向上**,需要"工匠精神":先工后匠,从"能""工"到"巧""匠"。

几年前,我对"熟能生巧"做过一次解释:针对某一"事物","熟"相当于"渐悟","巧"更像"顿悟"。想象一个纵向的长方形,一条对角线将其一分为二,成为两个三角形。左边的三角形是上小下大,右边的三角形是上大下小。左边的三角形用绿色填充,代表"地",如同渐悟或"看见"(Sight);右边的三角形用蓝色填充,代表"天"、顿悟或"洞见"(Insight)(《佛光山的星巴克——〈道德经〉的启示》1-1 长沙:橘子洲游学)。

如右图所示,向右的横向箭头用灰色填充,代表"人",表示一个人某一时间点对某一事物的"悟",目标是从渐悟向顿悟;向上的纵向箭头代表"时间",随着年龄与"阅历"的增加,"见识"越来越多,举一反三越来越容易,"顿悟"越来越多,所以代表"天"的三角形越来越大。西方人说的 Learning Curve(学习曲线)与 Experience Curve(经验曲线效应),应该也是这个道理。

无论是"渐悟"还是"顿悟",都是从"感"到"悟",都是"**开悟**",从"模糊"到"清晰",从"清楚"到"清醒",我称之为"**醒悟**"。从"醒"到"悟",先是"如梦初醒",逐渐"清楚"地"看见"(外,容易,"敲门""触及皮肉",会"痒","**真**""**知**",感觉像吃"蜜糖"),然后"清醒"地"洞见"(内,困难,"开窍""触及灵魂",会"痛","**灼**""**见**",感觉像遇到"火光",与"蜜糖"相对)。陶渊明在《桃花源记》中说:"山有小口,仿佛若有光……从口入,初极狭,才通人,复行数十步,豁然开朗。"这里"**豁然开朗**"如同"**恍然大悟**"——从"心里有(火)光"起步,结果令人"开心"、振奋。因此,"**开**""**悟**"也是"**开**""**心**"。

2018年4月30日

1-22 悟：
渐悟，顿悟，恍然大悟（二）

虽然"悟"事关"我心"，但往往不离外因"点拨"——指出关键，理顺头绪。《三国演义》第三十八回有以下描述："玄德闻（孔明'隆中对'之）言，避席拱手谢曰：'先生之言，顿开茅塞，使备如拨云雾而睹青天。'……孔明曰：'亮夜观天象，刘表不久人世，刘璋非立业之主，久后必归将军。'玄德闻言，顿首拜谢。只这一席话，乃孔明未出茅庐，已知三分天下，真万古之人不及也！"

"玄德"/"将军"是刘备，是"悟"的"主因"，"孔明"/"先生"是诸葛亮，是"助缘"，刘备先因"闻"诸葛亮"隆中对""之言"而"顿开茅塞"，后因诸葛亮说"久后必归将军"而"顿首拜谢"。细看一下，"睹青天"事关"天"，导致刘备第一"顿"或"小悟"，"顿开茅塞"；"分天下"事关"地"，"归将军"事关"人"，带来刘备第二"顿"或"大悟"，"顿首拜谢"。"不谋全局者，不足以谋一域"（陈澹然《寤言二迁都建藩议》）。刘备三顾茅庐，是渐悟；诸葛亮"点拨"之言，从"天时"（"全局"）讲到"地利"（"一域"），然后讲到"人和"（"谋者"），刘备因而"顿""悟"（从"顿开"到"顿首"）——**原来如此，明白了**。这是刘备成就帝业过程中的一大转折点。两人携手共进，成就了后来的"三国演义"。

成语"**醍醐灌顶**"形象地表明了外因启迪顿悟的寓意，比喻听了高明的意见使人受到很大启发。原意是佛教弟子入门时用醍醐（酥酪上凝聚的纯酥油）浇灌头顶，象征着向受戒者灌输智慧，使之**大彻大悟**。俗话说："**听君一席话，胜读十年书**。"我"听"过的"君"有老师、同事、学生，还有其他很多人，我常常被他们"醍醐灌顶"，因为他们的**"一席话"**，"胜读十年书"。

人生无常，因为"摔跤"，所以"领悟"（领会+开悟）。老子说："道……**大曰逝，逝曰远，远曰反**"（"道"……广大无边而运行不息，运行不息而且伸展遥远，伸展遥远而又返回本原）（《道德经》二十五章）。我十几岁时碰到"文化大革命"，没有读完中学（"摔跤"），后来"远"去美国留学、在美加的大学里任教（结"领悟"的缘），"事以渐修"（渐悟），"返"回中国香港，"理以顿悟"（顿悟）。我没有在北美

"留下",而是"海归"中国香港,是个漫长的过程。回望来路,我这一生,至今经历了许多"小悟"与几个"大悟"。这些"悟"真是离不开良师益友们的启迪。

回到文章开头的提问:"如何找到开启学问的'窍门'?"我以为,做学问要"开"的"窍"是在"心里",叫"开""心"才对。我们都有"悟性",做学问是通过"体悟"或"证悟"来"体现"与"证明"自己。这是我们常说的"感悟"。觉醒源于自省,魄力来自性格。"诀窍"是下定决心,果敢行动,千锤百炼。

年轻学子们关注"世界",但一定要留神"脚下"。"世界"在"心里","脚下"在"碗里"。一路美景,一路荆棘;一路风雨,一路高歌,我的学术路就是这样走过来的。30岁留学,目标是"看美国'表演',练中国'功夫'",那些年"后知后觉"地学了很多,先是"亦步亦趋",依葫芦画瓢,后来想"洋为中用""中外合璧",梦想着能带给后学者们一些"别具一格"的"先知先觉",许多时候,"悟"是在"不知不觉"中发生的。

一则英文谚语说:"There are three kinds of people in the world: those who watch things happen; those who make things happen; and those who wonder what has happened."结合本文的意思,我把这句话意译为:"世界上有三种人:第一种看事情发生(看戏);第二种令事情发生(演戏);第三种在想到底发生了什么事情(稀里糊涂)。"第一种人是"后知后觉"("渐悟"和"考"多);第二种人是"先知先觉"("顿悟"和"思"多);第三种人是"茫茫然然"。很多时候,我属于第三种人,对许多事"不知不觉",但我相信,用功与谦虚可以水滴石穿。

世界每天都在变化,就像水的三态(固态,液态,气态)一样,无限循环,变化无穷。因此,我每天早上一起床,就想学些新东西。新鲜感伴着我"感"与"悟",接受"点"与"拨"——"原来不过如此!"每天都很快乐,而且越来越快乐。

学海无涯,进步有路。坐而言,不如起而行。日积月累,日新月异。这就是我对学问"窍门"的"恍然大悟"。

2018年4月30日

1-23 JMS 拐点：
从文化自觉到文化自信

上周此时，我在暨南大学参加 2017 年 JMS 中国营销科学学术年会暨博士生论坛（以下简称"年会"）。不知为何，我觉得今年的年会好像比往年"年轻"。问了会议的两位组织者卫海英教授和杨德锋教授，得知超过千人的参会者中，大约一半是参加博士生论坛的青年学子。会议前后，有超过 150 位志愿者干劲十足地为大家服务。他们身穿橙色的志愿者服，充满活力，特别显眼。

筚路蓝缕。年会是我国营销学界进行学术交流最重要的会议之一，今年是第十四届。大会录用论文 300 余篇，参会人数和论文投稿数均为历届之最。卫老师、杨老师与暨南大学的同事们和学生志愿者们付出了巨大的努力，保证了会议的成功。

年会前，我向会议微信群发了一张 2005 年 JMS 创刊编委会的合照（见本书彩插图片 55）。照片是用我的数码相机拍摄的，应该没有太多人看过。照片第一排的赵平教授（第一届与第二届主编、第三届与第四届理事长）与符国群教授（第三届与第四届主编）都已退任。站在赵老师与符老师中间的是国家自然科学基金委管理科学部的冯芷艳处长。多年来，她给予 JMS 大量的**支持**和帮助，现已退休。现在"掌舵"的第五届理事长彭泗清教授和主编陈煜波教授是去年上任的"新人"。

继往开来。JMS 的发展已经到了一个历史转折点。陈老师与彭老师在年会上"一唱一和"。陈老师在开幕式致辞时，有一番话让我心里热乎乎的。他指出："中国营销学界已经走过了学术规范化的阶段，中国营销学者的研究成果已经越来越多地在国际顶级期刊上发表。中国在许多方面，比如互联网数字经济领域，已经走到了世界前沿。**本届编委会的一个重点工作是对学报进行重新定位，强调扎根中国、思想引领，推动我国营销学者更多地基于中国市场实践，创造出更多引领中国管理实践、贡献全球管理智慧的学术思想**。"

彭老师在闭幕式上说："JMS 有此光景，是因为前辈学者具有远见卓识，从零开始艰苦创业，树立的学术精神鼓舞人心，为学术传承奠定了良好的基础。**眼前的任务是系统梳理使命与战略，贯彻'顶天立地'的学术研究理念，在继续推动严谨规范的学**

术研究时,结合中国传统文化与现状,关注中国问题、做出体现中国学者独特价值的高水平研究。"

如果说,中国营销学界14年前创办JMS与文化自觉有关,今天则已经上升到了文化自信的高度。

闭幕式上,范秀成教授介绍了将于2018年面世的JMS姊妹刊——英文的 *Journal of Marketing Studies*,简称也是JMS。范老师说,中国营销学学科队伍日益壮大,好的研究成果不断涌现,中文发表有局限,JMS走向国际化的时机已经成熟,这个新刊物将使中国营销学学科在国际学术舞台上拥有更大的话语权。

中英文两本期刊将使JMS成为一匹"双翼的神马"。早期横向地模仿西方实证研究是"洋为中用",现在纵向地发掘中国智慧是"古为今用",两者皆为内部导向;向世界贡献学术思想是"中为外用",为外部导向;我们努力的方向是在不久的将来实现中国营销学界与国际营销学界的全方位"接轨",达成"中外合璧"。

任重道远。研究本土化不仅只是研究本土现象,解决本土问题,而是要为世界提供中国思想和中国智慧。对此,何佳讯教授曾精辟地指出,"好的本土化研究,研究的问题甚至构念和理论都可以来源于本土,但知识发现要能贡献世界,而不是仅能解释本土现象"(《登山观海:146名管理学研究者的求索心路》,3-7学者科研论文的常见薄弱点)。

这好比长江奔腾不息,汇入大海。长江是中国的母亲河之一,发源于世界屋脊青藏高原,一路浩浩荡荡。十多年前,我与窦文宇教授在云南省丽江市石鼓镇一起看过"长江第一湾"。长江由北向南,在石鼓镇附近急剧转向,形成一个"V"形大弯,再掉头向东北疾驰而去。一眼望去,长江在此改道,造就出这一雄壮景观。但如果从空中俯视,我们将很容易发现,"长江第一湾"是由于视野的局限而产生的"错觉"。这条伟大的河流一直都**目标明确**,**滚滚向东**,万里入海。我相信,当后辈学者回望JMS的成长史时,会发现,今年的年会只是我们前进路上"**前后相随**"(《道德经》第二章)的一个节点,而不是这篇短文标题所宣称的"拐点"。

薪火传承,一往无前。

2017年11月18日

特别感谢:卫海英,杨德锋,赵平,符国群,冯芷艳,彭泗清,陈煜波,范秀成,窦文宇

补记:年会后,在申请国际期刊刊号时发现 *Journal of Marketing Studies* 已经被国外学术团体使用,最后取名为 *Journal of Contemporary Marketing Science*。

1-24 美国是一面镜子

2017年夏天，我从香港城市大学退休后，在整理旧物时，看到《美国研究》期刊1988年第2卷第2期，里面有一篇我的文章：《美国营销学发展初探》。我早已忘了文章内容，于是拿起来重读了一遍。文章的最后一段如下：

中国的营销人员在学习研究美国营销理论时，应特别注意营销学在美国发展的基础及背景。美国实行的是资本主义自由企业经济制度，企业是私人拥有的。企业生产的商品在市场上自由交易及竞争，以期获取利润。利润动机促使企业生产能满足市场需要并比竞争对手更能拿出手的商品。虽然中国的社会、经济制度与美国不同，但企业应该生产能够满足顾客需求的优质商品却是没有差异的。从这一点看，对中国来说，美国的营销学是有可以借鉴的地方的。

这段话让我想起了我读市场营销学博士学位的起因。1982年6月下旬，我去位于美国波卡特洛的爱达荷州立大学念MBA，开始逐渐了解到美国企业为了满足顾客需求而付出的努力。

这里先举两个我亲身经历的例子。我抵达爱达荷州立大学后不久，7月的一个周末，同几个中国同学一起去风景秀丽的黄石国家公园游览。刘易斯湖（Lewis Lake）是公园里的一个内陆湖，湖水清澈，倒映着旁边皑皑的雪峰和幽静的森林。我用同学的相机拍了一张风景照。回到波卡特洛后，我们拿着胶卷到学校附近的一家Drug Store（兼营日用杂货的连锁药店）去冲洗。几天后，我们一起去取照片，站在柜台边，一张张翻看照片。当看到我拍的那张照片时，我对站在柜台后面的营业员说："这张照片与我当时看到的风景的颜色不一样。"营业员看起来与我年纪相仿，他马上笑着说："对不起。我们将免费为你重新冲洗一张。你看颜色哪里不对，我们去调一下洗相设备。"营业员的回答出乎我的意料。一两天后，我去拿重新冲洗的照片，给我照片的是同一位营业员。他把两张照片都递给我，我细看了一下，说："非常感谢！不知为什么，颜色还是不对。不过，就这样吧。"他马上说："哦，对不起。我们再免费为你重新冲洗一张。你看颜色哪里不对，我们再去调一下洗相设备。"我将两张照片还给他时，他却说："这两张照片你都留下，这是我们的规矩。"这再次出乎我的意料。几天后，我从营业员手里拿过第三次冲印的照片，没再细看，说了声"感谢"，就高兴地离开了。回到家，我把这三张颜色稍有不同的照片，装进了相册的同一页。

写到这里，我停下笔，找出相册，翻到那一页，看了看，用手机把这三张照片拍了下来，发到微信群里。王新刚老师和童泽林老师看到后，都指出，这三张三十多年前的照片虽然都已褪色不少，但照片的色差依然清晰可见。

波卡特洛是个小地方，但每隔几条街，就有一家 Drug Store，顾客大多是附近的居民。**因为顾客可以选择去不同的商家购物，所以商家都尽力善待顾客，希望他们成为回头客。**那位营业员，一看就知道我是外国学生，但他没有欺生，同样善待我。他的一举一动，让我心里感动，印象深刻。与这位美国商店的营业员相比，当时中国商店的许多营业员无论是态度还是做法，都相差甚远。

那时，商家与顾客打交道，即使不是面对面，中美之间也差别极大。我初到爱达荷州立大学时，住在学校宿舍。每间宿舍都安装有电话接口，只需要重新开通即可。我在宿舍办事处打电话同电话公司联系时，对方第一句就是介绍自己，紧接着问："What can I help you?"（我能帮你做什么？）这里的"潜台词"是，"我保证服务，你负责付钱"。那时，在中国，情况完全不一样。我是从福州出国留学的。首先，安装电话要有县团级以上单位开具证明才具备资格，安装时可能还要有熟人，才能及时办理。其次，打电话时，根据我的经验，听筒的另一头极少是介绍自己，通常会问："你哪里？"这个问题背后的"潜台词"是："你是谁？"如果你的回答表明你是一位"有关系的人"，后续要谈的事会方便很多。否则可能"一切免谈"。在爱达荷州立大学，我经常要跟学校不同的部门打电话，谈些与"钱"无关的事，对方第一句也是介绍自己，紧接着问："What can I help you?"**就接听电话中另一方的反应来看，中国与美国，打电话办事，一个"看""钱"或"谈""事"，一个"看""人"或"谈""情"才决定做什么与怎么做，反差很大。**

不久，我人生中第一次上"市场营销学"的课，用的是菲利普·科特勒教授所著的教材。书上说：营销的本质是促进交换，满足顾客需求。交换存在于一切经济与社会领域。无论是商业组织，还是非营利组织（例如政府、宗教团体），都应了解顾客的需要，根据顾客需求"制造产品"，合理"定价"，利用各种信息载体"宣传"，并通过"渠道"，将它们"销售"给顾客，以此获利或得到顾客的支持。通过学习营销理论，可以解释以上例子中我为什么会被善待。**"市场营销学"成了我读 MBA 期间最喜爱的课程。**

正如上文所述，因为"美国的营销学是有可以借鉴的地方的"，**MBA 毕业以后，我接着攻读市场营销学博士学位，希望自己在美国学的营销理论能用来帮助中国发展。**这就是唐太宗李世民说的"以人为镜，可以明得失"（把别人的成败得失，作为自己的借鉴）（《旧唐书·魏征传》），也是实践老子说的"知人者智，自知者明"（《道德经》第三十三章）。

"他山之石，可以攻玉。"

2018 年 7 月 10 日

第二部分

自知者明：虚心为师

2-1 教书匠,老师,教育家

年轻同事问我:怎样才能成为一位好老师?

我想用几个自己目睹或耳闻的例子来回答他的问题。

教书匠。"教书"是一种"工","教书匠"是一种"工匠"。像工人一样,水平较高的叫"技工",专家级的技工才可称为"工匠"——"能工巧匠"。1975—1978年,我在福州大学学习工业与民用建筑专业时,教我们班高等数学课的是傅树声教授。全班三十多位工农兵大学生,入学前的教育程度参差不齐,像我只念过一年中学,学高数的难度可想而知。傅教授不光学术造诣深,还循循善诱。每次上课,他只带着几张小小的卡片,好像没备过课。可是,他讲的内容总是由浅入深,深入浅出,还举我们能听得懂的例子。经过他的悉心指教,我们渐渐掌握了一些基本的高数知识,为紧跟在后面的几门力学课打下了基础。我们都很尊敬傅教授,他谦称自己为"教书匠"。我相信,大多数从教人员都希望成为像傅教授那样的"教书匠"。

老师。如果"教师"是职业称呼,任务是"教书"/"树木","老师"则是尊称/爱称,从事"育人"/"树人"的工作,但不一定"老"。专业教师所指的范围小,在课堂内、学业内"传道,授业,解惑";老师所指的范围广,包括专业教师,同时也包括所有在课堂外、学业外关怀学生成长的工作人员。他们帮助学生树立正确的人生观和价值观,还引导学生养成良好的道德品质。有些老师似乎"毫不起眼",其实"重如泰山"。在我学习与工作过的所有的大学,都有许多这样的好老师。**平凡中见人性,值得尊敬。**

多年前,我在福州大学就读时,我们班的指导员陈其相老师,对自己高标准、严要求,对我们"良药苦口""一丝不苟"。那时我常觉得他"话多事多",可是现在明白,他是要我们做"好人好事"。后来,我去美国犹他大学读书,威廉·摩尔(William Moore)教授是我的老师(见本书彩插图片11)。摩尔老师不仅学问好,书教得好,而且还特别关爱(关怀+爱护)学生。1984年秋,我到犹他大学读博士学位,摩尔老师知道我远离家人,只身一人从中国来美国盐湖城,总是嘘寒问暖,还询问我在福州的妻子和女儿的情况。他经常对我们这些外国学生说:"I cannot imagine myself as a foreign student. It must be difficult. Is there anything I can help?"(我无法想象自己作为一名外国学生时的情景。你们一定很不容易。有什么我可以帮你们的吗?)"善教者使人继其志"(《学记》),这些年来,摩尔老师一直是我的榜样。

教育家。教育家实践"教育",造福"大家"。前几年,我在香港城市大学市场营销专业硕士班开了一门品牌营销课。学生们的个人作业是自选一个品牌,谈品牌的境界。我注意到,几乎每年都有同学选择香港树仁大学的两位创办人作为作业题目(个人品牌)。他们谈起两位老人,无不动容。我又注意到,这些同学当中又大多是树仁大学的毕业生。这是为什么?

孔子说:"**有教无类**"(《论语·卫灵公十五》)。1971年,钟期荣(1920—2014)看到香港大专学额不足,便辞去了浸会学院文学及社会科学院院长的职位,与身为大律师的胡鸿烈(1920—)携手,投入全部家产,创立香港首家私立大学树仁学院(2007年更名为香港树仁大学)。"树仁"隐含"树德立仁"的意思。我想,这其中包含"**一视同仁**"的意味。当时,胡氏夫妇事业有成,生活无忧。其他人50岁已经开始盘算退休,他们却以51岁的年龄创立大学,钟期荣当校长,胡鸿烈当校监。原因很简单:"好多年轻人没办法进大学嘛!"(胡鸿烈语)两人"毁家办学",奉上毕生积蓄——估计四五亿港币以上。为了让学生享有舍堂生活,2002年兴建学生宿舍和文康大楼,为挣工程费,胡鸿烈更不惜在迟暮之年回律师行工作,出入法庭打官司。大律师多生活富裕,胡氏夫妇却为学校拼尽心力,生活非常节俭,坐巴士上下班。胡氏夫妇获评2007年"感动中国人物"。

我在香港城市大学教过的EMBA学生郭咏琴告诉我,她在树仁大学就读大一时,父亲因病住院,为帮补家计,她不得不于考试期间中途退学。"钟校长知道后,说学费不成问题,最重要的是我们要珍惜学习的机会,日后能够学有所成。"钟期荣安排郭咏琴重新入学、补考,又容许她延迟交学费,再安排她在校内兼职,以此获得服务奖学金。提起这件往事,她忍不住掉泪:"校长是我的恩人,当初没有她的帮忙,也许就没有今天的我。"

"**圣人不积。既以为人,己愈有;既以与人,己愈多**"(圣人不为自己积攒什么。一切都是为了世人,自己因此愈发拥有;一切都给了世人,自己就愈发富足)(《道德经》第八十一章)。**教书育人,百年树人。高山仰止。**

2017年11月19日

特别感谢:熊小明,张云,郭咏琴,高崇

2-2　做教学的有心人（一）

知识青年：想念大学，但从未奢望当大学教师。查《福建古田峦龙周氏家谱》，我的上几辈都是读书人：高祖父周凤翔虽未入仕，但带着子弟"专力诗书，董修道路，总理鼎建宗祠"（"读诗书，修道路，建宗祠"）；曾祖父周懿光清朝同治四年（1865）中举，后任福建长汀县教谕（明清时期县设"县儒学"，是一县之最高教育机关，内设教谕一人，多为举人、贡生出身），高祖父因教子有方，被皇帝敕封为"文林郎"；祖父周良璠是宣统年间最后一届秀才；父亲周受仁（周力行）与母亲刘双娣（刘冰心）都是 20 世纪 40 年代的大学生，他们希望我也能读大学（见本书彩插图片 1、2）；1969 年我 16 岁时到农村插队，1975 年因好学而被推荐为福州大学的一名工农兵大学生，圆了我的大学梦，但我始终未曾想到自己有一天能成为一名大学老师。

大学助教：心有余，力不足。1978 年，我大学毕业。那时流行争取分配回家乡，在父母身边工作。我父母皆已过世，班级指导员陈其相老师预先通知我，说我将被分配去北京的纺织部设计院工作。学校开会定分配方案时，校党委副书记王春生老师正好走进来，看到我们班的方案是一个女同学留校，说了一句："工民建专业，老师经常要带学生下工地，改为留一个男同学，学业和英文都要好。"就这样，我留校当了助教。我胆子很大，很快就答应老师们，上讲台讲一两次课。可是，我的水平只能照搬课本上的内容，学生们提出的很多问题，我都无法回答。我下定决心，一定要努力提高业务水平（见本书彩插图片 4）。

留洋"插队"：勤学苦练。1981 年，我通过了教育部的留学生选拔考试，第二年被派往美国读 MBA。与在国内不同，那里学生上课时经常要站在讲台上汇报，我学习刻苦，演讲水平有所提高。1983 年夏季学期，在 Sheelwant Powar 教授的课上，我用 5 分钟讲清了他要求用 20 分钟做的一个案例分析，他很满意，当场表扬我，还特意说："He was a teacher at a Chinese university."（他在中国一所大学当过教师。）1984 年，我进入犹他大学攻读博士学位。学院从就业考虑出发，请来一位有教育学博士学位的老师培训我们的教学能力。这位老师教学经验丰富，拍了每位同学试讲的录像，让我们和她一起点评并讨论如何提高。读博第三年，营销系安排我每学季（犹他大学实行学季制）独立教一门课。导师 Richard J. Semenik 教授为我毕业求职写的推荐信对我的教学水平给予了充分肯定："His teaching evaluation is already higher than the departmental average."（学生对他的教学评价已经高出本系教学平均分。）

海外任教（美国/加拿大）：用功，用心，熟记于心。1987 年我毕业后，系里留我当了一年 Visiting Assistant Professor（访问助理教授）。我至今仍保留着那一学年最后一个学季（1988 年春季）的课堂教学评估表。分数与上一年一样，高于系里的平均分。当然，分数高，并非表明我上课水平高，只是显示学生对我的教学评价正面，例如："Probably one of the best teachers I've had in three years of college. He was always willing to help—it is very rare to find that kind of commitment." "He's a great teacher, I enjoy his classes very much." "I thought Joe was a terrifically nice teacher……"（见本书彩插图片 13、14）最后一堂课，学生们给了我一个惊喜。他们知道我将离开犹他大学，特意买来鲜花，在下课前送给我，还与我一起合影留念。照片我一直保存着，不过后来再也没见过这些学生（见本书彩插图片 16）。

1988 年秋天，我从犹他大学去了加拿大的阿卡迪亚大学。这所大学被认为是加拿大本科教育最好的大学之一。老子说："知不知，上"（知道自己哪些方面不知道，是最好的）（《道德经》第七十一章）。**我虚心向有经验的同事求教，他们每一位都毫无保留，热心指点**。我花了大力气，**过教学"关"**，包括：**下苦功备课**。即使重复教一门课，无论先前已教过多少次，我都会当新课，重新认真准备；**确保教学内容本土化**。加拿大的商学院用的课本大都来自美国，其中有个原因是本国老师大多不愿写教材，市场太小，写课本"得不偿失"。虽然"美国打喷嚏，加拿大就感冒"，但加拿大毕竟不是美国，两种文化"貌合神离"，国情不同。为了**接地气**，我花了很多时间了解加拿大文化、深入加拿大人的生活、收集该国材料；重视**落地**，我和两个同事提出，要"真刀真枪"，让学生到企业中实践，通过解决商业世界面对的现实问题，达到学以致用。我也因而开始对加拿大企业的营销运作有了一些粗浅的认识。与此同时，我根据课上学生们的创业探索写的教学案例，被收入加拿大本土的一本案例书中，供其他院校参考使用。我还指导两位学生参加全加商学院案例比赛并获奖（见本书彩插图片 18）。六年下来，可以说，**我不仅将学院布置给我的大部分课程都教到"滚瓜烂熟"，还与同事和学生们一起尝试发展行之有效的实践教学模式，并且收获了"互相学习、共生共荣"的友谊**（见本书彩插图片 17）。

2017 年 11 月 11 日

特别感谢：陈雪，马卫红，郑付成，张良波

说明：本文根据 2017 年 11 月 3 日我做的一个教学研究讲座记录稿整理而成，该讲座是：深圳大学管理学院 20 周年院庆"管理教坛风云"沙龙第十一期——"对话长江"。

2-3　做教学的有心人（二）

　　回国任教（香港/内地）：教书，育人，教学并重。 1994 年，我加入香港城市理工学院（香港城市大学的前身），也带去了我在加拿大阿卡迪亚大学的教育理念和教学模式。1995 年，我和谭桂常老师合开了一门本科新课：高级市场营销实践工作坊（Advanced Marketing Seminar）。我请我的 MBA 学生、美国西北航空公司香港区总经理周润祥先生帮助安排修这门课的同学去香港机场调研乘客对航空服务的需求与评价。当同学们提出提高航空服务质量的建议时，润祥和他的同事们给予了很高的评价，并为 16 位报告质量最高的同学提供了免费往返东京的机票作为奖励。

　　这只是序幕。1997 年夏天我担任新建立不久的市场营销学系代主任后，谭老师将这门课发展成市场营销专业的"压轴课"。该课程的知名度在企业界及想报考营销专业的中学生里逐年提高。香港一些最知名的企业开始"排队"找我们的同学去实习。在香港中学生选本科商科专业时多倾向于报考金融、会计的大背景下，我们全系师生员工同心同德，将市场营销专业办成了香港城市大学本科招生平均分数最高的专业，比中学生首选的香港大学本科招生平均分还要高。这样的结果，并不是因为我们抓排名，而是因为**我们建立起了一种脚踏实地的文化**。系里有四位堪称表率的获学校教学奖的老师：梁伟强，谭桂常，张婉仪，董勤（见本书彩插图片 19、20）。**老师与同学们发奋图强，尽心尽力，把教学"内容"和"内涵"都做好，慢慢树立起了形象和口碑，我也被学生们尊称为"爸爸"。**

　　大学不能只教学生读书，育人才是核心。而建立好的教学文化最重要也最难，五年只是起步，十年才见成效。我们建系的愿景是"开拓美好的未来"（Build a Better Future），后来又加了"创造属于你自己的成功故事"（Create Your Own Success Story），一虚一实，相互呼应。我对系学生会有一个要求：每年组织一次去内地扶贫的活动（见本书彩插图片 21）。高彦鸣副校长开始推动"全人发展"时，我们系率先支持，连续多年录取优秀运动员就读。

　　校学生发展处处长陈启年老师曾多次在学校正式场合说：在校园里，如果你看到面带笑容而且自信心很足（Smiling and Confident）的学生，他们很可能是市场营销学系的。我们系的同学们知道以后，对自己的要求越来越高，笑容也越来越灿烂。系里的老师们也因而越来越投入。大家付出很多，每学期都设立系教学奖，表彰优秀教师（见本书彩插图片 22）。学校规定，系主任三年一届，最多连任一届。没想到，我担任了近十二年代系主任、系主任，据说是香港城市大学历史上连续担任系主任时间最长的老师。

　　我加入香港城市大学后，才开始教授硕士生课程，授课对象中不乏公司高管或企业主。他们"身经百战"，我能教给他们什么？**市场营销的一大工作是建设品牌，而品牌建设以良心与文化为本。**于是，我的**教学重心从"术"逐渐过渡到"道"：**理论

"上面"的思想、生意"后面"的人生、"日用而不知"的中国文化核心——阴阳。

1998年，我开始教EMBA必修课"市场营销"（"Challenge in Marketing"）时，以科特勒的美国营销理论为框架。至2017年我退休时，这门课的主题已经演变为"品牌之道"（Dao of Branding），用的是我提出的一个与众不同的"道—天—地—人"框架，基础是《道德经》。该课成了EMBA的招牌课之一，是EMBA学生入学后修的第一门课。在营销科学硕士项目，我开设了"中国文化与品牌营销"，同样受学生欢迎。同学们以开放的心态来学习，不一定事先清楚自己要什么，但如果老师没教好课，他们心里清楚。要对学生负责。**我也注意从学生那里吸收"养分"。当老师不能狂妄自大，绝不可以"闭门造车"，而要永远向学生学习。每年，我都思考如何改善以"与时俱进"。**

中国人/世界人：美国脑，中国心，中国魂。我近年还为香港城市大学EMBA（中文）项目开了一门新课："人生境界"。这是2017年我在香港城市大学退休前的"收官课"。因此，修这门课的2016春季班的12位同学说，他们是我在香港城市大学的"关门弟子"。在这门课上，**我与同学们一起，探讨如何实践前辈哲学家冯友兰提出的"人往高处走"的境界：从功利境界，到道德境界，再到天地境界；从对自己与自己人好开始，走向对外人好，最终实现对地球好。我们的做法是：解剖自己，触及灵魂。**我们不仅在课堂上学习，还走出国门游学（见本书彩插图片64）。**"不在书里，就在路上。"**与"硬课"相比，这又是一门"软课"。我退休前，EMBA课程组邀请我做了一场荣休讲座。作为至今唯一一位为EMBA做过荣休讲座的老师，我深觉荣幸。

我在美国接受了正规的研究生教学，教学初期自然而然地采用以牛仔思维为代表的"美国脑"教课。到香港后，我在教学中融入以儒家思维为代表的"中国心"。但我逐渐意识到，两者都偏重"功效"（"要钱"），因而存在明显的局限性。套用中国成语，前者的阴暗面是"自利/夺利"，后者的阴暗面是"自私/争名"。我读到《道德经》里不少"不争/无为"的论述，例如："**持而盈之，不如其已；揣而锐之，不可常保；金玉满堂，莫之能守；富贵而骄，自遗其咎**"（日积月累到满溢，不如及时停止；千锤百炼出锋芒，但却无法永久保持锐利；物质财富再多，也无法永远占有；富贵导致骄横，自取祸患）（《道德经》第九章），感触很深。我相信，《道德经》代表的是"中国魂"，相比"要钱"，我们必须更"要命"。因而，我开始从人类赖以生存的地球出发，发展出中国文化与品牌哲学的"阴阳共济"思维框架，并将其应用在教学和研究中，在一定范围内得到认可。相关的部分内容已收入《要钱还是要命——〈道德经〉的启示》《佛光山的星巴克——〈道德经〉的启示》等书中。

盲人摸象：职业，事业，人生。从偶然被选中当大学教师开始，至今近四十年，我对教师这个身份仍然热爱如初。这个身份伴我走过了职业（天天尽职，不怕吃苦）、事业（追求卓越，愿意付出）与人生（乐于吃亏，随遇而安）三阶段。我越来越觉得**教学如同盲人摸象。**至今日，我仍在思考：到底什么是"知常曰明"（认识了自然规律才是真正的明智）（《道德经》第十六章）？

对于新入行的教师，如果问我要怎么教学，我想应该是：**勤学苦练教与学的基本功，不断提高教书与育人的素养，时刻提醒自己和学生，"心"要"平"，"气"要"和"，超越民族主义思维，培养更加开阔的世界性眼光和胸怀。**

2017年11月11日

特别感谢：陈雪，马卫红，郑付成，张良波

说明：本文根据2017年11月3日我做的一个教学讲座记录稿整理而成，该讲座是：深圳大学管理学院20周年院庆"管理教坛风云"沙龙第十一期——"对话长江"。

2-4　大学新教师工作关系中的差序格局（一）

前辈社会学家费孝通先生认为，**中国人的社会关系**网络以家人为基础，按"亲疏远近"逐渐向外拓展，如同水中涟漪，一圈一圈，由内向外形成"**差序格局**"。

我已经在大学工作了几十年，与四类"学"字头的人或机构接触往来，按照**差序格局排序**如下：学生、学系、学院、学校。**学生排第一**，源于一个朴素的信念——我当学生时，老师们待我好。虽然许多老师后来再也没有见过面，但他们对我恩重如山。**无法报答（Pay Back）老师们，必须将这一份爱传递（Pay It Forward）**给后生学子。学系、学院、学校排后，是因为这些关系都"聚散无常"。比如，1994 年我加入香港城市大学的前身香港城市理工学院时，所属的学系叫"商业及管理学系"，1997 年这个系分拆为"管理学系"与"市场营销学系"。我去年退休，以前的同事全都成了"前同事"；但我教过的学生们，因为"天地君亲师""一日为师，终身为父"，同我的"亲情"类似血缘，"天长地久"。

"**千里之行，始于足下**"（《道德经》六十四章）。前几天，我突然好奇，便问年轻老师对这四类关系是怎么排序的？我询问了八位近三年博士毕业后进入大学任教的年轻教师。他们大多是我以前的学生。以下是他们的回复（原文较长，经他们同意后，仅保留一部分）：

"**与学生和系里的同事的关系最亲近**。和系里同事搞好关系至关重要；而学生对老师的喜恶会反映在教学评价上，当然要维系好与学生的关系；与学院领导的关系也很重要；但与学校的关系，除了交材料，打交道的人很少。"

"**学生最亲密**，这是教师角色所致。就像心理学中'延伸自我'的概念，教好学生，传授自己的价值观，这是构建教师自我的一部分；同事第二亲密，因为日常科研教学和社交生活来来往往；学院领导是上级，我敬畏和尊重他们；学校因校名而让我有归属感，但我与校部人员打交道非常少。"

"我在为人处世上虽一直奉行'与人为善、待人以诚'的原则，力求简单的人际关系，但在具体行动中难免亲疏有别。总的来说，**学生排在首位**，对待他们，一味付出，不求回报。"

"**系里的同事最亲**。学生没排在最前,是因为自己得先向同事学习,提高了工作水平,才能教好学生。记得有一次,一位将要在班级作报告的学生迟到了。我反问他:'如果是去面试一家很向往的企业,你会不会迟到?'他后来对我说:'今后哪怕不记得课堂的知识,也会记得凡事不可迟到。'而在和行政人员的交往中,我都尊称他们为老师,这既不会出错,也表达了足够的尊重。"

"我工作时间不长,就当前体验,**重要性排序如下:学系、学生、学院、学校**。因为学系是自己的队伍,我的活动大都在系里;**关注度排序如下:学生、学系、学院、学校**。为学生'服务'是教师的职责,因此关注度最高。"

"**首先要处理好与学生的关系**,虽然给学生传授知识是老师的职责,但我在这方面做得仍然不够,需要提高;在教师的职场中,作为新来者,保持虚心请教和尊敬有礼的态度,有利于自己被'学系'这个集体接受;在处理与学院领导的关系时,我以'积极完成领导交办的事情'为原则;而对学校我只涉及遵守和执行规章制度,我的参与感有限,重要性暂排后。"

"我的日常工作总是遇到多样角色:学生、同事、行政人员和领导,亲疏远近不免产生。**与学生相处最多**,已有本科生对我的教学表示肯定和喜爱,他们让我在教师路上充满自信和感动。**与同事相处的频率位列其次**,他们热心帮助我、教导我。与行政人员和领导相处的频率最低,但学校有很多拉近大家关系的活动,**让我越来越喜欢这个'大家庭'**。"

"我的'亲疏处人'观:横向来看,我更喜欢亲近学术品格高的同事,见到这样的'好同事',我总是主动讨教;我也更愿意亲近有志于学的学生,遇到他们,我总想多鼓励一番。纵向来看,我的原则是'**亲人之长,疏人之短**'。如果在工作中能常亲人之擅长,为己所学所用,那自己就慢慢离擅长不远矣!我将'疏'字理解为'疏忽','疏忽'掉某个人的短处,其实又回到了'亲人之长'的道理中去了。"

2018 年 3 月 15 日

特别感谢:董维维,郭昱琅,胡琴芳,贾芳,李苗,廖俊云,冉雅璇,肾兴安,张闯

2-5　大学新教师工作关系中的差序格局（二）

年轻教师们的回复，使我想起了费孝通先生对中国"家"的描述：家在结构上是一个"家族"或"大家庭"，是个"绵续性的事业社群"。大家庭里有小家，主要功能是生儿育女，延续事业（家业）。参照费先生的理论，学校像个"大家庭"，是个绵续性的事业大社群或"生态圈"，这是大环境；学院是次级社群；在学院下面，学系是年轻教师们直接"赖以生存"的"小家"或"小圈子"，他们在"小家"里靠拢老同事，虚心求教；学生像小家中的孩子，年轻教师们履行教书育人的具体职能，为"孩子们"的成长无私奉献、不求回报。他们的回复，有意无意间都遵循了差序格局，说的都是人之常情，合乎情理。回想我在美国读书时，老师们对学生也都非常好。虽中美两国文化有异，但在老师对待学生这一方面，两者无异。

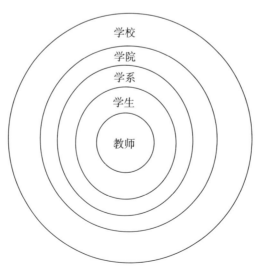

新教师工作关系中的差序格局

我感到欣慰的是，这些年轻教师们正在向成为优秀大学教师的道路上稳步前行。借此机会，我送给他们一段自己曾经说过的话。2008年，我还在香港城市大学市场营销学系当系主任时，校报采访我对大学教育的看法，我说："**大学最基本的责任是提供优质的本科生教育。否则，我们对不起学生、家长和社会。**因此，我对系内教员的教学要求订立了较高的标准。我希望各位老师上课前准备充足，同时要为学生组织不同的课外活动，发掘学生的潜能。"（《今日城大》，2008年8月，第25期，第7页）

"**不失其所者久**"（守得住家园的人，才能持久）（《道德经》三十三章）。有一位我过去的学生现在担任学院领导，我向他了解他的看法。他说："**教好书是青年教师本职工作的一方面，另一方面是搞好科研，两者相辅相成。**参加工作以后，要有意识地逐渐'淡化'与导师的学术合作，培养自己的独立研究能力，同时**逐渐发展与学生、学系、学院、学校的关系。**青年教师要记得，做一个'好人'远比发几篇文章、做几个项目更重要，因为你的学术生涯不是三年五年，而是几十年。"他的话，言辞恳切，意味深长，我将转告给这几位年轻教师。

本书中另外有两篇关于科研的随笔：3-7年轻教授，起步抓紧，五年"安身"，5-6给新入职年轻教师的建议，我会请他们三篇一起看。

2018年3月15日

特别感谢：董维维，郭昱琅，胡琴芳，贾芳，李苗，廖俊云，冉雅璇，胥兴安，张闯

2-6　年轻教授，起步抓紧，五年"安身"

今天正月初一，一个新的开端，和全国各地的许多年轻教授通了微信，互祝狗年进步。

不由想起他们读博时的岁月，那时我们之间的交流更频繁。我曾给过他们一些如何"熬出头"的建议，还将交流内容整理出几篇短文，收在《佛光山的星巴克——〈道德经〉的启示》和《登山观海：146位管理学研究者的求索心路》两本书中。

他们当中，有些读博时不仅"同门""同窗"，还"同吃""同住"，毕业后，"各奔东西"。几年后，事业的"顺"与"不顺"相差很大，有的已经在"天上"，有的仍然在"地下"，用香港的通俗说法是"相差好几条街"。"归因"千差万别，但无一例外，每个人都说，**独立做研究和发论文不容易**，问我有什么新建议。"顺"与"不顺"，有人说跟"运"有关，这我提不出什么建议，我知道的是，"抓紧"与"抓不紧""不抓紧"会差很多。

我想沿着老子说的"九层之台，起于累土"（《道德经》第六十四章）谈几点看法。"九层"是"立命"，是年轻老师的长远目标；"累土"是"安身"，是眼前的小目标，应该五年左右实现。说五年，是因为两个三年的合同期加起来是六年，其实五年就大致"见分晓"了。我在香港城市大学工作时，学校实行的是"Publish or Perish"（要么发表，要么出局）的制度，内地现在也有一些大学这么做，"非升即走"。为了实现五年"安身"的目标，起步时就必须得抓紧，这样才能在校方"秋后算账"时，"手里有粮，心里不慌"。

区区五年，一晃之间，必须紧锣密鼓，**从"吃光老本"开始**，把读博期间做的研究，"一鼓作气"地写成一篇篇成稿，"瞄准"合适的学术期刊，在第一学期投出一两篇。"顺"的话，"一炮打响"之后，趁热打铁，以"龙马精神"再接再厉。

万一不"顺"，怎么办？我的老师、著名消费文化学者白乐寿（Russell W. Belk）教授曾对我说：你研究的不是Rocket Science（火箭科学），除非审稿人指出"致命硬伤"，非"动大手术"不可，否则顶多只能允许自己"郁闷"几天，稍微修改，加进"匹配"的参考文献，一周之内，另投"他家"。初出茅庐，缺乏"主见"，**审稿人通常"仁者见仁，智者见智"**，你容易被他们"牵着鼻子走""委曲求全"。殊不知，下一拨审稿人不一定与他们持同样的观点，可能认同甚至欣赏你原来的观点，而且一定会挑些新的"刺"，你的稿还得改。你要相信自己的观点有价值，费了九牛二虎之力做出的研究，不要轻易动摇，自乱阵脚。与你赛跑的是时间，你可不能拖，赶紧将稿子再"推销"出去，尽快帮稿子找到"家"。白老师"老马识途"，他的建议，三十多年来，一直受用。

一开始就要有做"大文章"的勇气。不想当将军的士兵不是好士兵。"小文章"

是"能做"（Could Do），"拍拍脑袋"也许就"中"，有"影响力"，可以满足转眼就来的年度评估要求，解决"燃眉"的生存之急。"大文章"是"应该做"（Should Do），"绞尽脑汁"也不一定能"成"，若成了将有长期贡献，有"生命力"，值得"一拼"，尽早"立命"（请参阅本书 1-20 学问三层楼：影响力，凝聚力，生命力）。

年轻学者都有做"大文章"的潜力。可是，初露锋芒，**孤掌难鸣**。山外有山，乐意分享与共享的学者很多，你想外出交流和开会，结交"各路英雄"，**无钱难行**，因此，除了善用有限的启动经费，**第一年就要申报基金，不能拖**。有些人第一年"手气不佳"，如果第二年还"不顺"，第三年将"压力山大"。

当年，我幸运地与两位老师结缘，在他们的指导下做研究。初生牛犊不怕虎，1984 年，我一到美国犹他大学念博士学位，就向白乐寿老师提出通过广告研究中国消费价值观的建议，1987 年毕业时，我已经 35 岁，直到 1989 年，研究成果才发在 *Journal of Consumer Research*（《消费者研究学报》）上，根据贡献，作者排名次序是谢贵枝、白乐寿、周南。《消费者研究学报》是美国营销学术界最优秀的期刊之一。我那时没有"难度系数"的意识，更没想到这是篇开拓性的论文，以至于后来很多年都被列为相关领域的重要文献。我与两位老师的研究合作关系也持续了很多年。

几天前，我向 2017 年从五所高校毕业的六位年轻教师了解研究进展，其中有一位在我现在工作的深圳大学管理学院任教。这些老师参加工作仅几个月，但都"状态"很好，寒假期间，马不停蹄地在写国家级基金申报书，有的已开始与同事做研究，有一位投给 *Journal of Business Research*（《商业研究周刊》）的论文已经进入二审，有一位说，"正在想，能不能结合前期积累和优势找到新方向，开始做一些完全独立的研究项目"。**思路清晰，动作敏捷，进步就快。**

大学教授的学术生涯有越来越长的趋势。二十七八岁"拿下"博士学位，工作到七十岁，一共有四十二三年。头五年像是全程马拉松（42.195 公里）的头五公里。前面说的**"五年见分晓"**，只是"热身"的"累土"，**后面的风景会越来越美、越来越好**。正好十五年前的今天，2003 年 2 月 16 日，我第一次参加香港渣打马拉松赛事。从维多利亚港湾北边的尖沙咀出发，大约五公里后才看到较好的海景。难度越来越大，由于准备充分，我越跑越勇，过了青马大桥后折回，通过海底隧道到了维多利亚港湾南边的港岛，顺利抵达设在湾仔金紫荆广场的终点，**没有烦恼，只有快乐和成就感**。那年我五十一岁。

年轻教授们，你们起步比我早，**以稍微具有挑战性的步伐前进，就能跟上甚至超过大队伍，保持这个速度，一步一个脚印，后面将会更加精彩，连天上的星星都等着你们去摘呢！青春似火，坚持了，就有希望！**

搞好科研是青年教师本职工作的一方面，另一方面是教好书。教学和科研相得益彰，"教""研"相长。学术这碗饭可能吃一辈子。每个人都有生存压力，尤其是在起步阶段。一边做，一边提高。不"安身"，何以"立命"？本书中，另外有一篇关于青年教师如何教好书的随笔：2-4、2-5 大学新教师工作关系中的差序格局，还有一篇给新入职年轻教师的建议（本书 3-7），请你们一起看。

祝福你们！

2018 年 2 月 16 日

特别感谢：马晶，李苗，冉雅璇，沈璐，张汀，朱潇璇

2-7 开门学生,关门弟子

磨刀不误砍柴工。无论是给本科生、研究生,还是企业高管人员上课时,我都用一样的开场白。

我一般先说:"**行有行规,家有家法;开门学生,关门弟子**。"教育这一"行",有自己的"门"与"道","开门"是在开课之初声明教学规定,即"行规";**课堂是"家"**,教室有"门",开始授课以后,叫"关门"。按照中国传统说法,学生是教师的"弟子"。"弟"是"学弟","子"是"学子",**教师与学生,都是"学"者**。"'开门'学生"是指广纳学生、有教无类、一视同仁;"'关门'弟子"是指我将用自创的"一套"以中国文化为基础的理念、框架和方法教学,这是我的"家法",希望帮助"弟子"们在学业上进步。

换句话说,我想帮助他们做到"学有所成"。人往高处走,在"教室"的小天地里,从地到人再到天,学有所"成"的过程分三步。

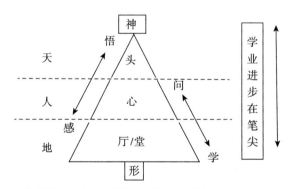

从"养'身'/'形'"到"养'心'/'神'"

第一步,"地"——**"学、问"在"厅、堂"**:"厅""堂"有广狭,教室有大小,但每个人都要抓紧机会"学"与"问",**自己学,问他人;学人家,问自己**。"学"比"问"容易,起初一般是先"学"后"问"。如果带着"问(题)"来"学(习)",就不会被老师"牵着鼻子走",主动性更强,进步会更快。

第二步,"人"——**"感、悟"在"心、头"**:如果说第一步用"脑"多,第二步则用"心"多。"感"在浅层,是"感""到";"悟"在深层,是"悟""到"。都是"到","到"了就好。

前两步中,"学"更像"感",是表面;而"问"更接近"悟",是内在。

第三步,"天"——**"进、步"在"笔、尖"**。做学生比做教师"苦"。不仅要交学费,还要交"功课",有时还要参加考试,才算修课"成""功",才算有"进步"。为何如此?因为"笔、尖"是体现"进、步"的重要方式。"笔"要"尖","进"的"步"才"算""大"。"一纸"不能断定是否"学有所成",也不应该"定终身",但或可见一时之"高低",检验阶段性的学习进展或"成"果。

"为学日益"(努力求学,则知识愈来愈多)(《道德经》第四十八章)。我总不忘说:我们的**"笔"不一定"尖",但人一定要"勤"**。"好记性不如烂笔头。"我也在教学幻灯片里提醒学生:"完整的演讲材料不散发,感兴趣者请做笔记。"做笔记是希望提高效率,告别浅阅读,避免过目就忘,克服进耳便出。我告诉学生,我平时做四种"笔记/记录":听讲笔记、阅读笔记、随手笔记以及游学摄影。其中,随手笔记包括半夜醒来不开灯、随手用笔"写"下梦中见到或想到的"思想的火花",有些还真是和教学研究甚至人生有关的好"东+西"!**游学摄影**,走到哪儿,"拍"到哪儿,因为**"一图道千言"**("A picture is worth a thousand words")。有兴趣的,请参阅《佛光山的星巴克——〈道德经〉的启示》1-10 曲阜:想起孔子,不亦说乎。

我"摆出""一堆"说法:

- **民以食为天,食以安为先**:笔记与吃饭一样,说食不饱,必须亲力亲为。**讲义不可"吞食"**(有),但笔记可以帮助理解与消化(无)。做了笔记心才安,"养身"(形,为"地")又"养心"(神,为"天")。
- 用**"笔头""练""笔尖"**:"文+章"是写出来的,"笔+尖"是"练"出来的。**越写越好,越练越活;越写越练,越活越好**。

有意思的是,这些"家法",我的"弟子"们都觉得有意思,听得进去,也和我一起践行。不仅中国学生接受我的说法,不懂中文的外国学生也听得懂,也觉得有理。最明显的是,大家都拿出笔和纸或打开电脑记笔记、提问、讨论……不亦乐乎。我也不必考虑课堂秩序问题。渐渐地,与同学们建立起一种"一家人"一般的师生关系。

寒假已过,阳春三月,深圳大学的同学们刚返校上课。十八年华,青春似火,大家都有一股热望:新学期,新课程,新进步。这学期我将为管理学院的十来位大一学生开一门课,课程名称叫"品牌与人生"。我们都充满期待。第一节课,就从上面这些开始讲吧!

2018 年 3 月 3 日

2-8 教好一个案例，讲好一门课程，办好一个专业

2016年JMS中国营销科学学术年会暨博士生论坛期间，教育部工商管理类专业教学指导委员会作为支持单位协办了两场教学研讨会。华中科技大学的田志龙老师是指导委员会副主任委员和营销专业指导组组长。他邀我合作组织其中一场。我们与大会主席、北京大学的彭泗清老师商量，从即将出版的《登山观海：146位管理学研究者的求索心路》一书当中，邀请三位作者介绍教学经验。他们是：湖南大学的万炜老师，深圳大学的韦夏老师，桂林理工大学的连漪老师。

当天的参会人员有700人左右，会议安排了一个能坐100多人的会议室。论坛还没开始，就早有人来"占"座。听众有博士生、年轻教师，也有"老"教师。讲者有心，各有侧重；听者有意，座无虚席，甚至还有人站着听。100分钟的论坛结束后，有些人好像还不满足，围着三位老师，继续讨论。年会后，得到老师们的同意，将他们的发言在这里分享，以便更多人受益。

用案例教好一堂课。万炜老师的演讲题目是"入戏与出戏，如何把别人的案例变成自己的经历？——本科案例课堂的组织与引导"。她在"渠道管理"课上，用米其林轮胎上海渠道风波的案例，让同学们"亲历"并"解决"一场渠道冲突。万老师说，该案例涉及跨组织管理和中间商关系管理的问题，冲突点明确、决策点清晰，是个有戏可看的"剧本"。她预设了一个"舞台"，设计了"入戏"和"出戏"题，让学生从角色扮演入戏，从案例反思出戏。在案例反思阶段，老师结合学生的回答，将渠道权力的运用方式、渠道冲突的防范措施、中间商职能转化等知识点进行穿插和收拢。

万老师认为，挑选典型案例、设置有层次的思考题、精心设计课堂细节是上好案例课的前提；教师应该对案例涉及的理论知识、行业背景和后续进展有较为全面的了解，如果准备不足，语焉不详，会影响学生的投入程度和讨论效果。让学生从单纯的案例阅读者和问题分析者转化成管理事件的亲历者和问题的解决者，是案例课堂的目的所在。

用理论讲好一门课。韦夏老师的演讲题目是"将学术研讨引入课堂教学"。韦老师说,"理论"二字听起来似乎枯燥无味,其实好的理论是创新课程内容的源头活水。好的研究"既符合直觉又违反直觉":符合直觉是指在情理之中,有严谨的逻辑推理、周密的深度思考;违反直觉是指研究结果可能出乎意料,因而拓展人们原有的认识边界。知识点是树木,好的研究与理论是森林,**老师如果能把理论讲好,就能把问题的来龙去脉与关键节点分析得更清楚。将前沿理论引入课堂,会对一门课产生新的洞察,并有效激发学生思考与讨论**。

韦老师用一个实例介绍了她在课堂上**讲理论的四步法**:第一,**提现象**。结合论文中的"研究背景和研究问题",就管理现象提出问题,让同学们思考和讨论优劣得失。第二,**谈原因**。用论文提出的理论框架、作用机制分析"为什么",着重分析为什么"反直觉"。第三,**找边界**。让同学们进一步思考同样的做法在不同条件下会出现什么变化,即理论的边界条件。第四,**做引申**。对理论进行延伸和扩展应用。通过这样的训练,同学们的逻辑思维能力会得到训练,不但学会了知识,还开始掌握严谨思考问题的方法和途径。

用实践检验一个专业。连漪老师的演讲题目是"基于能力培养的'市场营销学'课程建设与实践的经验分享"。连老师当过多年企业高级管理人员,现在是桂林理工大学商学院院长。他说,学院的目标是培养适应地方经济发展的应用型人才,产学合作是实现这个目标的有效途径。**产学合作需要解决的问题具有针对性、时效性和结果性,凸显教与学的统一**。

连老师与他的同事们花了很大精力带学生做产学结合,尝试协助企业解决问题。**曾有企业领导委婉地向连老师指出:大学老师有知识,学生也尽力,但不一定能"挠到我们最痒的地方"。企业需要能解决问题的人,如果知识不能转化为生产力,就没有价值**。

连老师说,办好一个专业不容易,产学结合是其中一大课程。不过,**产学合作给老师提出了很大的挑战。老师要有勇气走出象牙塔,通过产学互动,直面企业问题,将复杂问题简单化,抽丝剥茧,帮助企业提供解决方案,才能取回"知行合一"的真经。"眼高"+"手低",既培养了学生,也成长了自己。"教、学、做合一"的培养模式,将知识转化为动手能力,毕业生更受聘用单位欢迎**。

一个专业由一门门课组成,一门课由一堂堂课组成,一堂课由一个个环节组成。感谢三位热心教学、受学生欢迎的老师从不同的角度,介绍他们教好一堂课、一门课与一个专业的宝贵"门道"。

"知人者智,自知者明"(《道德经》第三十三章),**尊敬的老师,您有什么样的"门道"呢?**

2017年4月15日

特别感谢:田志龙,彭泗清,万炜,韦夏,连漪

2-9 三峡坝上库首第一县寻屈原

我曾经做**梦都想**能够像电影人物那样**穿越时空**。这显然不现实。但是，我最近去湖北省秭归县，不仅"**寻**"到了屈原的"**足迹**"，还"**找**"到了他的"**身影**"。你相信吗？

秭归地处长江西陵峡两岸，山水秀丽。战国时期楚国诗人和政治家屈原（约前340—前278）在那里出生、长大，留下了很多故事。

下面这个故事，我听秭归人讲得最多：屈原的出生地在乐平里，他小时候爱去那里的一个小山坡。他在那里种了许多橘子树，经常和朋友们在那里品橘作诗。据说，著名的《橘颂》就是有一次他和朋友在那里品橘时即兴创作的作品。这是一首以物咏志的千古名篇。因为这个典故，这块坡地后来被乐平里人取名为橘颂坡。

在西陵峡村一带，我看到满山遍野都是结着黄灿灿果实的脐橙树。脐橙是柑橘类水果的一种。不由地，我眼前浮现出屈原朗诵《橘颂》的情景。我问秭归县文联主席周凌云先生："秭归盛产的柑橘中，哪一种最像屈原？"知心莫如故乡人，他毫不犹豫地说"秭归夏橙"。他解释说，**夏橙扎根很深，在长江两岸斜坡陡岭、贫瘠的土地上都能生长，有很强的生命力，体现屈原《橘颂》中说的"深固难徙"（深深扎根于故土，任凭什么外力也无法使之改变）的峡江人品格。**

橙子成熟的季节一般是秋冬。怎么这里有夏天成熟的橙子呢？县政府外事侨务办主任尤华敏女士也是土生土长的秭归人，她解释说：秭归得天独厚，位于长江三峡河谷地带，属亚热带季风气候，是我国著名的"冬暖中心"之一。三峡工程建成之后，当地冬季平均增温1摄氏度左右，而夏季平均降温1摄氏度左右。**温暖湿润的气候，造就了秭归，使之成为"一年四季有鲜橙"的宝地。**

屈原生活的时代距今两千多年，秭归的变化天翻地覆。建三峡大坝时，县城迁至现址，位于库首，是名副其实的"坝上库首第一县"。**水库宽广壮阔，美称"高峡平湖"。** 为纪念屈原而建的屈原祠，位于长江边，正对着雄伟壮观的三峡大坝。祠里的屈原铜像，目光炯炯有神，日夜注视着大坝。我相信，那天屈原也一定注意到了前来膜拜的我们这群人。

我们都是武汉大学市场营销与旅游管理系的教师。系里的桑祖南教授是旅游规划专家，正在秭归挂职任副县长，"高峡平湖"是他力推的秭归旅游产品构思。秭归县政府因此安排我们来考察特色农产品的品牌建设，为推动农旅融合发展"把脉问诊"。

屈原精神、青山绿水、特色产业都是秭归独有的宝贵旅游资源。以此为出发点，完善基础服务与配套设施，培育振兴乡村经济新动能，创新驱动农旅融合新行业，吸引更多的游客和投资客，可以变秭归为"**游三峡·品脐橙·拜屈原**"的首选目的地。在县里组织的研讨会上，我们献计献策，围绕**创造话点、卖点、看点和买点**，提出了一系列营销与品牌策划的建议。"**知其雄，守其雌**"（知道雄强的好处，却守住雌柔的位置）（《道德经》第二十八章）。大家也一再强调，**秭归的发展必须建立在生态保护的前提上**。

我们前往调研的西陵峡畔有个链子崖。20世纪90年代大移民时，国家拨专款治理滑坡，在开裂的山体间打入深深的铆钉，用巨大的铁链将倾斜的巨石紧紧拉住。链子崖的对岸是青滩。在秭归附近的宜昌长大的"本地人"吴思老师，将"青滩"谐音词"情滩"与链子崖的链子联系在一起，将其想象为定情项链，提出将链子崖建成一个针对年轻人浪漫婚恋旅游的"情定链子崖"的景点创意。吴老师的创意引起了大家热烈的讨论。

三天的考察，行程紧凑而充实。返程前夜，我和同事们站在依山而建的秭归新城，眺望"高峡平湖"对面的三峡大坝闪烁的灯光。金风拂面，秋意正浓。在我心里，屈原一直是个遥远的历史人物，但此行拉近了我与他之间的距离。故乡令人回望，屈原一定很高兴，**当代秭归人，斗志昂扬，上下求索，在绿水青山之间创造更加美好的明天**。对我这个"武汉人"来说，**秭归将成为武汉又一个受欢迎的后花园**。

2017年12月20日

特别感谢：周凌云，尤华敏，桑祖南，吴思，沈作霖，黄静，张广玲，孙建超

2-10　心怀感恩，智回母校

2018年4月17日对于武汉大学市场营销与旅游管理系来说是个喜庆的日子。这一天，系里举办了一场论坛，名叫"智回母校——营销武工队珞珈山学术论坛"，六位年轻的营销武工队队员"回娘家"，分享他们的研究心得，以及学术路上的苦与乐（见本书彩插图片49）。

营销武工队是一个微信群的名称，完整的说法是"营销·武大·工作队"。2014年7月中旬，第二届中国市场营销国际学术年会在华中科技大学召开时，九位在大学任教的武汉大学市场营销与旅游管理系博士毕业生，周元元、童泽林、周玲、冯小亮、张宁、王新刚、王峰、刘洪深、张琴，与我商量要建一个微信群，**讨论怎么做研究**。后来队伍逐渐壮大，都是武汉大学市场营销与旅游管理系的毕业生，学士、硕士、博士都有，博士毕业后都在外校任教，加上跟我做过博士后的几位年轻大学教师，因为我的关系，他们也算作"武大人"。我们的**目标是要成为中国营销学界的一支生力军**。目前，群里有57位成员。从2015年到2017年，我们已经举办了三届内部年度学术讨论会，分别名为（长沙）麓山论道、（南昌）白鹿论道（见本书彩插图片49）和（深圳）鹏城论道（见本书彩插图片48）。

在论坛发言时，现就职于重庆大学的李小玲老师说：2008年入学读博，一眨眼，十年过去了，但却似乎从来没有离开过。**武汉大学的老师们对待我们就像自己的孩子，培育我们成长，帮助我们解决问题，并继续把我们凝聚在一起**。李老师介绍了她刚刚写完的一篇学术论文，请大家"拍砖"。她对学弟学妹们说：无论是博士阶段还是工作阶段，都是在探索，会有很多被"拍"的机会，**希望大家不要害怕讨论和被"拍"。被"拍"的过程，就是成长的过程，会让我们知道如何突破自己并获得质的突变**。

现在华中科技大学工作的周元元老师以她指导硕士生们做过的三个研究为例，**分享如何培养并保持研究的好奇心的心得**。周老师说：人之所以能生而为人，都是因为人有着丰富的心理过程，**好奇心对于人类来说非常重要**。好奇心不单是由个性差异造成的，还可以被训练。我们带着好奇心发现一个有趣的现象，通过"发现—了解—实践"来寻找真理。这种逻辑跟研究范式所探讨的"是什么？—为什么？—怎么做？"一脉相承。

中南财经政法大学的王新刚老师说，"研"和"究"来源于"生"和"活"。中国人讲"脸"和"面子"，社会心理学家翟学伟教授对"架子"的定义："架子"是"脸"和"面子"过渡的一个环节，介于"脸"和"面子"之间。王老师找了很多关于"架子"的文献，没有发现学术文章讲到过关于"架子"的问题，也没有学者从学术研究的角度对"架子"进行定义，于是他开始思考什么是品牌的"架子"，研究品牌"摆架子"的行为特征，例如：象征性、排他性、稳定性。这种"扎根"本土文化，"无"中生"有"的风格，对从事学术研究的人有很大的启发。王老师鼓励大家要善于从生活中寻找研究线索。

湖南大学的周玲老师分享的主题是"研究的逻辑性"。她认为，研究的魅力之一就是其逻辑之美，逻辑之美又体现为格局观、纵深感和文法性。从纷繁复杂的表象中提取出能够体现在研究框架中的概念，这是形成逻辑的关键。周老师介绍了她和学生基于生活发现而发展的一个小研究，分析不同人群面对"胖模特"这种非标准美感模特时的心理状态。她通过重要文献的展示阐释了一个研究框架的推导过程，说明**逻辑的形成部分依赖于理论的积累**。最后，她还强调实践可能走在研究的前面，建议大家要善于从生活中发现选题。

北方工业大学的童泽林老师说：读博期间，学习不"顺"，迷茫彷徨过，曾担心毕不了业。**幸得老师们悉心指导、同学们积极鼓励，自己才获得了科研信心，才有了后来的进步。**童泽林老师毕业后已经在权威期刊《管理世界》上发了两篇文章。他鼓励在座的同学们要结合自身情况，做自己擅长的研究。因为每个同学的理论基础、**研究训练、思维模式和生活阅历都不相同，对于不同研究主题的敏感性存在差异，只有做自己擅长的研究，才能更快更好地做出成绩**。

如果说童泽林老师的读博经历"惊险"，长沙理工大学刘洪深老师的读博经历则可谓"曲折"。刘洪深老师说："**我花了五年的时间考上了博士研究生，又花了三年的时间攻读博士学位**。曾有人说：读博八年寒窗，而我考博加读博，也是八年，可谓是一个漫长而艰难的过程。"这个人生经历让他深深体会到，**无论做什么，都要有浴火重生的决心**。据说老鹰活到四十岁时，要么等死，要么"涅槃"获得重生。刘老师说："我博士学习期间以及工作前两年所积累的一些成果，帮助我顺利评上了副教授，现在'一无所有'了。在晋升教授的路上，我已经'归零'，重新开始，也要'涅槃'。"

市场营销与旅游管理系是他们的娘家，老师们看到毕业生怀着感恩之心回来分享，学弟学妹们听到师兄师姐们的肺腑之言与忠告，怎能不开心呢？黄敏学教授介绍了近年来市场营销专业的发展情况，并以"感动、感恩、感谢"为主题，向毕业生们表示感谢，还为论坛名称加了"智回母校"几个字。崔楠教授从电脑档案里翻出了当年由汪涛教授、黄静教授和黄敏学教授等倡导主办的"双周营销博士生论坛"的两张照片，第一期是李小玲和冯小亮汇报，第二期是童泽林和张辉……当年的研究至今都还有意思。

这次论坛吸引了八十余名老师和同学参加，听众里还有很多湖北省其他兄弟院校营销专业的老师和同学。我也有很多感触。老子说："**知人者智，自知者明**。"(《道德经》第三十三章）在论坛发言的六位武工队队员当中，最早入学读博士学位的李小玲老师与王新刚老师是2008级的。十年前的这个时候，他们还没有开始读博士学位。那时，从我的办公室向外看，可以看到一些小树。十年很快就过去了，那些小树现已枝繁叶茂。**无论是人还是树，成长都很快**。这个论坛是个开端，相信他们以及其他武工队队员以后会经常回母校分享学术求索路上的教训、困惑与成果。**武大营销这片学术森林将会生长得更加茂盛**。

2018 年 4 月 20 日

特别感谢：李小玲，周元元，王新刚，周玲，童泽林，刘洪深，陈鑫，黄敏学，崔楠

2-11 差序格局,万变不离其宗

2015年、2016年,童泽林老师牵头做的两个研究,连续在《管理世界》上发表。两个研究都是从差序格局出发,探讨品牌营销的问题。我参与其中。

传统中国人讲情理,情在理前,即人与人之间的关系存在亲疏、远近不同,体现为差序格局。亲与近的叫"自己人",属于"自家"的范畴;疏与远的叫"外人",属于"大家"的范畴。为人处世,先照顾自己人,再考虑外人。

2015年发表的文章讲的是企业家私德和公德行为对消费者购买意愿的影响。企业家是企业的代表,其道德行为能够影响消费者购买意愿。类比于君臣、父子、夫妻、兄弟、朋友的五伦关系,对企业家而言,政府、股东、员工、合作伙伴、消费者是"自己人",此范畴之外的是"外人"。**企业家关心"自己人"属于"私德"行为,关心"外人"则属于"公德"行为。**

如图1所示,企业家私德对"自己人"好,直接影响消费者购买意愿;企业家公德对"外人"好,体现出社会责任,但不能直接影响消费者购买意愿。然而,在产品质量信息"背书"的前提下,相比于企业家私德行为,企业家公德行为产生社会责任联想,此时对消费者购买意愿的影响更大。可见,品牌仅考虑"自家"还不够,从"大家"的利益出发才是长远之"计"。

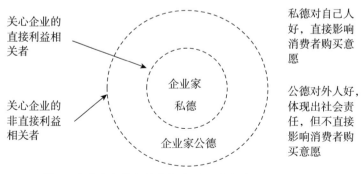

图1 企业家私德和公德行为对消费者购买意愿的影响

2016年的文章继续沿用差序格局的思路,分析品牌慈善行为对消费者品牌评价的影响,以及品牌应对之策。我们假定:**品牌关心"自己人"的慈善行为让消费者感知**

品牌具有"情义";品牌关心"外人"的慈善行为让消费者感知品牌具有"道义"。

如图2所示,当地方品牌去其他地域做慈善时,我们称之为跨地域慈善行为,消费者会感到地方品牌的身份与跨地域慈善行为不一致,对品牌产生伪道义的评价。如果一个全国品牌仅在某个别地域做慈善,可以称为地域性慈善行为,消费者可能感到全国品牌的身份与地域性慈善行为不一致,对品牌产生伪情义的评价。

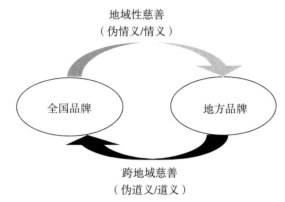

图2 企业家私德和公德行为对消费者购买意愿的影响

谁是品牌的"自己人"与"外人"呢?从经营地域看,品牌可以区分为地方品牌和全国品牌。对于地方品牌而言,当地市场的消费者是"自己人",当地市场以外的消费者是"外人";对于全国品牌而言,全国的消费者都是"自己人",本国以外的消费者是"外人"。

如何扭转品牌身份与慈善地域不一致的负面影响呢?这需要考虑特定的情境变量。比如,遇上自然灾害时,对于全国品牌地域性慈善行为或地方品牌跨地域慈善行为,消费者会改变原先的认知模式,将全国品牌实施地域性慈善行为看作有情义的行为;把地方品牌实施跨地域性慈善行为看作有道义的行为。可见,品牌做慈善还要讲究情理。只有合情合理的品牌慈善行为才会获得消费者的认可与支持,进而实现品牌绩效的提升。

万变不离其宗。虽然时代在变,但中国人讲差序格局的文化心理从未改变。许多企业想通过"万变"而成功,但成功其实更需要把握住"不变"的规律。**"以不变应万变",才是企业不衰败的关键**。老子早就说过:"载营魄抱一,能无离乎?"(神形合一,能做得到吗?)(《道德经》十章)。有多少企业可以真正做到呢?

2018年6月30日

请参阅:

1. 童泽林、黄静、张欣瑞、朱丽娅、周南,"企业家公德和私德行为的消费者反应:差序格局的文化影响",《管理世界》,4:103—111。

2. 童泽林、王新刚、李丹妮、周玲、周南,"消费者对品牌慈善地域不一致行为的负面评价及其扭转机制",《管理世界》,1:129—138。

2-12　只要有名气,就能摆架子?

有人摆架子,有人没架子。只要有名气,就能摆架子?

各位看官,摆架子的是诸葛亮,没法摆架子的是刘备。刘备极度仰慕诸葛亮,三次求见,前两次吃了闭门羹,第三次"拜""访",等了几个钟头,才见上面。刘备大喜过望。

诸葛亮"名气"(名声+气场)大,有摆架子的"资本"。这一点,刘备"耳闻+目睹",深信不疑。"卧龙先生"诸葛亮只是茅庐耕读的农夫,从未做过官,没有任何"业绩"可言。可是,名流徐庶与司马徽异口同声地"唱好"诸葛亮。刘备因此"盲信"诸葛亮有过人的才华,开始充满期待,坚信要成就帝业非得诸葛亮的辅助不可。

刘备前两次求见虽未果,但对诸葛亮的"印象"却越来越深刻。第一次去拜访的路上,刘备听到农夫唱歌:"南阳有隐居,高眠卧不足。"刘备问农夫:这歌是谁写的?农夫答道:是卧龙先生。刘备对自己说:水平如此高妙!

第二次去拜访的路上,刘备听到诸葛亮的好友石广元和孟公威以及诸葛亮的弟弟诸葛均唱歌,还听到诸葛亮的岳父高承彦吟诗,同样高妙。刘备对自己说:人以群分,诸葛亮一定更高妙。

刘备"两顾"虽然扑空,但对诸葛亮却越来越钦佩,坚定了"三顾"之心。到了第三次拜访,无论关羽怎么不情愿,无论张飞怎么不耐烦,刘备都"拱立阶下"干等。诸葛亮不理不睬,"高卧"几个时辰,醒来后,明知"刘皇叔在此,立候多时",仍然用了"半响,方整衣冠出迎"。刘备恭恭敬敬地"下拜曰:'汉室末胄、涿郡愚夫,久闻先生大名,如雷贯耳。'"诸葛亮的谈吐,印证了徐庶和司马徽的评价,刘备"顿首拜谢"。

中南财经政法大学的王新刚老师与中南大学的张琴老师研究品牌摆架子。他们发现,**有些品牌,名气特大,架子也特大**。王老师前年来香港城市大学进修时,一天,我们两人从笔架山游学回来,身着运动装,走进一家价格超高的名牌服装店,从进去到出来,没有一个营业员搭理我们。紧接着,我们到了一家大众品牌服装店。一进门,营业员就打招呼:"欢迎光临",热情主动地介绍产品。尽管我们什么都没买,离开商店时,营业员依然热情地感谢我们,还说"欢迎再次光临"。

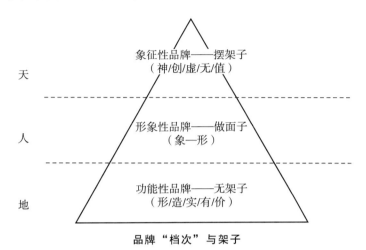

品牌"档次"与架子

他们的研究将品牌分为三类:象征性品牌、形象性品牌与功能性品牌。如果把品牌的象征意义视为"无",把功能价值视为"有",则"无"的成分越多,品牌就越"虚",越侧重于做"神","内涵"由"值"来体现;"有"的成分越多,品牌就越"实",越侧重于做"事","内容"由"价"来体现。

象征性品牌就像"诸葛亮"一样,是"创"出来的。人们相信,物以稀为贵,越稀有,就越独特。越不容易获得,消费者就越想得到,只怕高攀不上。象征性品牌"象征"财富,延伸至身份、地位,**购买者看重的是生产者所赋予品牌或产品的"神"**。由于它"摆架子",贵得"离谱",高不可攀,普通消费者只能对它"敬而远之"。

形象性品牌在"有"和"无"两个方面均相对适中,象征意义虽有,但因为不是"神",**主要做"人"与"情"**,架子不大,"跳起来就能够得着"。购买者喜欢品牌能够给自己带来的"面子"。

功能性品牌是"造"出来的,在"有"的方面"性价比"很高,但在"无"的方面,象征意义接近于零,**做的是"事"与"物"**,没法摆架子,提供实实在在的功能价值,物美且价廉,有大批"捧场客"。平易近人,人必亲之。

老子说:**"高下相倾"**(高和下因相互对立而依靠)(《道德经》第二章)。市场充满各式各样的品牌,摆架子的品牌是"阳春白雪",没架子的品牌是"下里巴人",由于它们都符合购买者的期望,各有各的存在价值。

2018年7月1日

特别感谢:王新刚,张琴

请参阅:王新刚、张琴(2018),"品牌摆架子行为对消费者购买意愿的影响",《经济管理》,6:86—99。

第三部分

归根曰静：归来为吉

3-1　回家，真好！

青春留不住，故乡亦难归？

2017年8月30日，我加入深圳大学管理学院，至今整整半年。回顾这半年的经历，脑海中突然浮现出在年轻人中时髦的一种说法："愿你出走半生，归来仍是少年。"我已"出走半生"，"归来"在深圳大学认识了一批大一的"少年"，觉得"回家"真好。

我30岁出国，在不同的大学求学、工作长达35年。无论在哪所大学，我一直视校为"家"，辛勤投入，理得心安。苏东坡说："此心安处是吾乡。"他担任地方政府官，关注百姓"大家"，"安"在"乡"。我是学者，关注大学"小家"，"情"系"园"，许多人在乎你，也有许多你在乎的人，"此心安处是吾家"。

既然过去"四海为家"，为什么到深圳大学是"回家"？

过去是"彼家"，现在是"此家"。

"彼家"是"个人成长"的阶段，始于融入西方文化氛围，学习做"事"，发展"事业"，努力增长学识、提升技能，发展一种世界主义的认同。

"此家"是"落叶归根"的结果，回到中华文化情境中，安心做"人"，维系"情谊"，扶植后学，在生命的原乡，继续"学业"。

我的"回家"路，由远到近，从外到内，顺路而行，随缘而乐。

这半年，我参加了两场全院大一新生活动，第一场，"回归""家乡"的体会很浓；第二场，"心安""家园"的感受更深。

"回归""家乡"：这是我"千方百计"地"争取"到的。2017年9月11日，深圳大学秋季学期开学第一周，我做了场本科新生入学讲座。讲座开始时，同学们用陌生的眼神看着我。我介绍自己在福建沙县长大，是"沙县人"。听到这儿，全场五百多人都笑了起来。台下不止一个声音说："沙县小吃！"我"顺势"问道："吃过沙县小吃的，请举手！"许多同学举起了手（见本书彩插图片31）。"味道怎么样？""很好吃！"我接着说："感谢大家对沙县经济的大力支持！（鼓掌）可是，大家知道吗？你们也帮助将沙县的房价推得很高。这一点，我好像不太赞成。"我笑了，同学们也都又笑了，知道这句话有调侃"自家人"的成分。香港人口 700 万,福建籍占 200 万左右。但我在香港二十多年,哪怕对"福建人"说起自己来自沙县,他们也不全知道沙县在哪里。我教过的绝大多数香港大学生是在香港本地出生,从未听说过沙县这个地方。而眼前的这群同学,不仅知道我的家乡,还把我的家乡"当一回事",使我感受到了家乡的魅力。我对同学们说:"我是 8 月底加入深圳大学的,只不过比你们早几天,有很多新事物要与大家一起学。**我们是同学关系,以后见到我,请叫我周同学。**"

他们是我至今在深圳大学认识的数量最多的一批同学。讲座后,有时在校园里碰到他们,我认得少许几个,他们则全认得我。"乡情"依依,总有同学主动打招呼,叫我"周同学"。深圳大学校园四季常青,像个绿色的大公园,有全国十大最美校园之一的美誉。管理学院所在的文科楼与对面的科技楼之间有一片很大的草地。秋季慢慢走到冬季,冬季又慢慢走到春季,在"家园"的绿草地上碰到称我为"周同学"的"同乡"也越来越多,有些还通过微信建立了联系。

"心安""家园":这是我情不自禁地被"拉进去"的。2017 年 12 月 10 日,管理学院举行建院 20 周年迎新晚会(见本书彩插图片 32)。我又见到了这批同学。这一次,我在台下,他们有些在台上。14 个节目中,院里的本科生表演了 9 个,其中 6 个为各年级混合的节目,另外 3 个来自大一学生组成的 ME 舞队、Bigcase 音乐队和百川诗社。表演者们青春洋溢、热情似火,我看得目不转睛。从 1982 年去美国留学开始,这是我第一次在内地大学校园看整场学生晚会。校园文化与学生喜好都变了很多,有些节目我没完全看懂,要请邻座的刘世雄教授解释。**老师们也表演了一个节目——配乐组诗朗诵《写给未来的你》**(见本书彩插图片 39)。这个节目始于一声真切的称呼——"**孩子**",表达对"新时代的大学生"的寄望:有理想、有责任、有担当。同事们在朗诵,**我的热泪在眼眶里回旋,因为那也是我的心声。**

笑声和掌声将我带回自己的大学时代。当年,我的老师们也对"孩子们"充满这样的热望。20 世纪 70 年代,学校下面没有设院,而是直接设系。我担任过系分团委副书记,思想和感情的投入都很多,每年都参与组织文艺晚会,还活跃于校文工团,经常上台独唱。**校园即家园,归属感永不变。**当年,我参与其中,今天,又回到其中,重新成为内地大学大家庭的一分子。古希腊哲人赫拉克利特说:"人无法两次穿过同一条河流。"但是,人可以"回家",故乡亦难离。归来为吉。我就这样"归来"了,"复归于朴"(《道德经》第二十八章),拾回大学年代的纯真情怀,继续成长之路。回家,真好!

2018 年 2 月 28 日

特别感谢:郑佳仪,林晓珍,潘雪怡,黄健彦,余晓文,胡杨洋,吴雨枫,陈韵琪,江国芳,魏华,许浒,黄秋霖,李国宝,刘世雄,刘青叶,李慧子,魏晓程,郑晓璇,韩颖钧,刘泳锋

3-2　天天快乐，龙腾虎跃

何谓"深圳速度"？去深圳大学管理学院（以下简称管院）走一遭，就有所体会。楼道里同事们走起路来，步伐很快；院办及学生办的老师、同学们办起事来，干脆利落；院里的会议室，每天都有会开，有时连晚上和周末都有。

这是个效率和效果并重的地方。1997年建院，经历了20年的成长，已进入"青春激情期"，蒸蒸日上，气象日新。新来的年轻同事们还没"站稳脚跟"，面对研究、教学和行政事务，感到压力很大。**来这里是自己的选择，竞争和机会共生，苦和乐共存**。

在这个"新时代"的背景下，2017年秋天，我成为管院大家庭的一员。一学期下来，许多"新人新事"已习以为常，并不知不觉地印入了自己的生命和情感。趁寒假小憩，新鲜感和记忆犹在，留下一些文字，作为下一本随笔集《学问人生——〈道德经〉的启示》（即本书）的一篇。

虽说深圳速度令人"紧张"，但管院的楼道里总是不时地传来笑声。**这里的人们，知道如何"苦中作乐"**。举三个例子为证：

第一个例子与**管院教工男子篮球队**有关。开学不久，校教工篮球赛吹响号角。比赛日一到，学院教工微信群就格外热闹，伴随着从现场发来的"实时转播"，"加油"声和"叹息"声一片。11月，比赛进入决赛阶段，因为队长同时也是个头最高的叶娘越老师受伤，"夺"冠的目标憾未实现，"屈居"第三。但18支队伍角逐，第三名也是相当不错的成绩了。

篮球赛期间，学院通知栏里，篮球队合影格外醒目（见本书彩插图片40）。照片中，队员们站在院旗后方，身穿院里特制的比赛服，面带笑容，精神抖擞。照片上方，写着偌大的"管理学院"，下面一行字体稍小，注明是"教工篮球队"；照片下方是**"管院飞人　再度出击"**，给人一种气势如虹、势不可挡的感觉。路过的管院人都要停下脚步，看上一眼，夸上一句。我由此得出一个"团队精神"新解：**场内的年轻小伙子们一"队"人，场外的男女同事们一"团"人**。学院是"县（团）级"单位，是这队"飞人"的后盾。场上的胜与败，事关学院的"颜"与"面"。集体荣誉，不分场内外，人人挂心头。

12月上旬，学校举办了一年一度的**田径运动会**，院里有将近一半教职员工参加。**学院组建的校运会微信群里有61人，共报名个人与集体项目10项**。其中有些集体项目，比如男女混合绑腿迎面接力（20人）、气贯山河肺活量（15人）、翻轮胎接力

（10 人），我过去从未听过，应该属于趣味运动。学院组织报名的方式是在微信群里"接龙"，眼看着队伍一天天"壮大"，到报名截止那天，各个项目顺利满额。比赛第一天，从赛场传来集体项目的照片和视频，可以看到大家**尽情发挥、配合默契**，人人都投入到"忘我"的程度了。**还有什么比"忘我"更开心的呢？**学院给每个运动员都订购了运动服，橙色的女装尤其鲜艳。那天中午，在教工食堂，凭着运动服颜色，我认出了好几位"自家人"，于是加入他们的饭桌。大家欢声笑语，似乎并不怎么在意比赛成绩，胃口可能也比平时大了一些。比赛第二天，女子教工甲组 4×100 米接力赛，四个年轻的女队员，除了潘家的潘燕萍，还有三名"杨门女将"，分别是杨帆、杨翩翩和杨雯。虽然比赛中被另一支队伍犯规占了跑道，比前面一队慢了 0.1 秒，但还是获得了第三名。我这才明白，在管院，**"飞人"不分男女**。

2017 年**学院年终总结表彰会**在寒假前召开。会场布置简朴喜庆，过年的气氛很浓。主持人曾永乐老师和丁婉玲老师幽默风趣，妙语连珠。他们宣布几个校运会"中年组"比赛获奖成绩时，我听到不止一个人在台下发出"怎么是中年组？"的疑问，伴随着一串串笑声。大家都这么年轻，怎么有人参加"中年"人的比赛？这个组别应该改名！还好，他们接着宣布我 1 500 米的跑步获奖成绩时，说的是"教工组"。全场我年纪最大，我松了口气（一笑！）。

高潮迭起的节目之间，我突然听主持人说下一个是"天龙八部"的总结与调整。我一听就乐了，以为和金庸有关系。听了党委书记李丽教授的总结发言，才知道"天龙八部"是管院"**天**天快乐，**龙**腾虎跃，**八**大教工俱乐**部**"的简称，包含的活动有：篮球、乒乓球、羽毛球、游泳、瑜伽、摄影、户外运动、K 歌。天龙八部已经运行了三年，名字有意思，活动有益处，引起了校内其他单位同事们的羡慕。李老师说，**学院要发展，教工们首先要快乐和健康，这些长期性的俱乐部能量自带、发展自趋，作用很大**。我听得津津有味，喜欢这个"自"字。老子说："**自胜者强**"（《道德经》第三十三章），我想加一句，"**自娱者乐**"。紧接着的俱乐部名称和"干部"调整，凭着男子教工乙组（40 岁以上）1 500 米第八名（八人参加，最后一名）的成绩，我"荣升""阳光运动部""部长"。为了搞清职责，会后我上网查了一番，"阳光运动"是"**走到阳光下，走进大自然，参加体育锻炼**"的意思。我喜欢自然，也喜欢户外活动，**多年来，运动帮我"精神足，睡眠甜，吃饭香"**。阳光运动部的另一位部长是于文生老师。于老师比我年轻很多，有丰富的组织活动的经验，参加他组织的活动，一定会很开心。**我们有活力，学院有进步**。

停笔看了一下，发现自己上面写的三个例子，都和"腾""飞"连在一起。年轻人的特点是工作与生活两极化，一边承受着高负荷的工作压力，一边用不同的兴趣和爱好缓解工作压力。就像那句熟悉的广告语——"Work hard, Play hard"（痛快工作，痛快玩乐；或如潘燕春教授说的"高效工作，健康生活"），此起彼伏，良性互动。加入一个年轻的"飞人"大家庭，满心欢喜。

2018 年 2 月 7 日

特别感谢：叶娘越，潘燕萍，杨帆，杨翩翩，杨雯，曾永乐，丁婉玲，李丽，于文生，潘燕春

3-3 "周老师",而不是"周老"

荣幸,激动,感谢

有缘在新学年的开学日成为深圳大学管理学院的一员,我想用三个词表达我的感受:荣幸,激动,感谢。

一是**荣幸**。深圳大学刚过而立之年,年轻可爱,校园绿草如茵,荔枝成林;管理学院年方二十,朝气蓬勃,师资力量强,专业水准高,学生素质优,发展态势好。本月公布的今年国家自然科学基金项目评审结果中,管理学院获得了 13 项;今年秋季,管理学院还录取了报考深圳大学最高分的本科生。

二是**激动**。我 1978 年大学毕业留校,一直被大家叫"周老师",快四十年了。近几年,有些人开始叫我"周老"。我今年 65 岁,按照香港城市大学的规定,于 6 月底退休。我选择加入深圳大学,继续当"周老师"贡献"余热",而不是成为"周老"休养生息。我将努力保持活力,与各位老师成为"同学",一同学习,一起进步。

三是**感谢**。我的教学与研究主要在营销领域,营销系是小家,管理学院是大家。感谢小家,感谢大家,让我加入这个家。

当好一名大学教师

社会对大学教师有很高的期望。"教"以"事"为主,是创造、传授、应用知识。有些人将"创造知识"等同于"发表学术论文",认为这种"创造"比传授、应用知识重要,传授知识又比应用知识重要,其实不然。应用中有创造和传授,传授中有创造和应用,创造如果没有传授与应用,难以产生持久而深远的生命力。**做好"教"不容易。**

"师"以"人"为主,是学为人师,行为世范。要有责任心和爱心,要有公德和阴德,公德为表,阴德为里,表里一致才是真师德。**做好"师"不容易。**

"教"与"师","**有无相生,难易相成**"(《道德经》第二章)。我愿与各位共勉,继续当好一名大学教师。

2017 年 8 月 29 日

说明:2017 年 8 月 30 日,我在深圳大学管理学院全院教师大会上发言。发言稿有两部分,发言时只讲了第一部分。

3-4 上大学，学什么，怎么学？

2017年9月11日，我为深圳大学管理学院2017级本科新生做了一场入学教育讲座。讲座的目的是：拉近与新生的距离，了解他们，帮助他们更快地适应大学环境，健康成长。讲座分三部分：演讲、互动和总结。

以下是各部分的要点：

演讲要点

1. 你们18岁，我65岁，我们都是深圳大学的新"同学"。你们新入学，我新入职，**我们一样，有很多新"事""物"要学，让我们一起学。以后见到我，请叫我周同学**。

2. 小学生、中学生、大学生，年龄处于孔子说的"有志而学"与"三十而立"之间。三者有什么异同？

异：读书好；好读书；读好书。

同：从身份上的中国人向精神上的中国人过渡。

3. 大学四年，学什么，学的东西有什么用？

不仅增加学识，还要争取全面发展，四个"PASS"（通过）：

Physical，健康；Academic，学业；Social，人际；Spiritual，精神。

我上大学时学的不少"东西"至今没用上。但是，今天用的有些东西是当年学过的，还有些，当年只是"感觉"，至今仍在"渐悟"，有待"顿悟"。

4. 周南同学求学记：

插队：向农民学，靠双手和脑袋养活自己。

上大学：向老师/同学学，当学生干部（系分团委副书记），参加体育比赛，活跃于校文工团，锻炼自己。

大学后：当助教，洋插队。

至今：向社会/世界学，教书育人，磨炼自己。

5. **大学精神，影响（你我）一生，修炼一生：**

校园里有块石头，上面刻着红色的大字："古石今人"，反映了大学精神，鼓励我们以古鉴今，修养天性，做到真诚，自强。

从小我到大我：**快乐自己，帮助别人，幸福大家！**

挺立于中国与世界：脚踏实地（深圳大学），仰望星空（世界），做"**中国的世界人**"。

6. 岁月如诗，大学如歌。请与我一起唱首歌："你问我爱你有多深？"

互动环节要点（与超过60位新生进行一对一互动）

演讲时，我向同学们（20位左右）提问，同学们应答的水平很高。例如，

问：大学四年，除专业知识以外，还学什么？一新生答："追求、情怀"；另一新生答："学习知识、学习能力、学习思维，"她接着说："这是上午开学典礼上老师说的。"此三者，知识最实，思维最虚。由实到虚，由虚到实，"**自胜者强**"（《道德经》第三十三章）。全场对这个同学谦虚好学的回答，报以热烈的掌声。

演讲后，同学们（20位左右）向我提问，同学们提问的水平同样很高。例如，

问："周同学，如果有机会重来，您的路将怎么走？"

答："时光无法倒流，现在还有许多需要改善的地方，希望将来做得好些。"

问："您在香港生活很多年，香港的文化和我们的文化有什么不一样？"

答："受西方文化的长期影响，香港的文化更注重'事'，而我们的文化更注重'情'。"

讲座后与同学们（应该超过20位）合影，有两三位同学跟我说，他们内向，怎么办？我的建议是："你说你内向，说明你想改变。下次见到'周同学'时，请主动打招呼。你行的！"

总结

院团委书记曾永乐老师总结时，要求新生们对自己高标准，严要求。原话节录如下：

刚才太阳晒，一些同学调整座位。调整到不晒的地方是可以理解的，但是，有的同学悄悄地离开了……我很有必要整顿一下纪律，否则的话就是对你们的父母不负责任，也是对你们不负责任，从教育工作者的角度，也是对社会和国家不负责任。如果我们把一批不负责任的人，四年后送到社会上去了，那就是对国家和社会不负责任。我非常强调纪律。为什么？如果你们都不讲纪律的话，我们国家还有希望吗？我们这样的社会将是什么样的社会？……大学和中学最大的区别在哪里？**在中学，你可以考很高的分，但是来到大学后，一切高分都成为过去，你的高考成绩只代表着过去，从现在开始，大家又都在同一条起跑线上。在大学，没有人会再像高中那样去督促你，去监督你。如果你不主动约束自己，难以想象你毕业后会怎样。**

听着曾老师的话，抬起头，正好看到会场挂着两条大红幅："我与管院筑梦未来""改变源于成长与责任"。曾老师说的正是如此！

大好青春，携手筑梦，成长未来。

2017年9月13日

特别感谢：曾永乐，牟琨

3-5　学生写论文,导师受考验?

2017 年夏天,我从香港城市大学(以下简称"城大")退休,同年秋天受聘到深圳大学任教。10 月 20 日,管理学院研究生学生会邀请我为 2017 级学术型硕士生做入学导研讲座(见本书彩插图片 36)。

因为近几年我在城大主要同博士生和授课型硕士生打交道,没有指导学术型硕士生的亲身经历,所以我主要介绍其他老师与学生互动的例子。

学生"迷路",老师"迷糊"? 在介绍其他老师的例子之前,我先讲了一位城大本科毕业生去外校读学术型硕士的故事。他入学一年多,文献看了不少,但师门之间交流很少,大多是"单枪匹马"地埋头苦干;此外,导师说对他的毕业论文选题不太熟,觉得题目太大,但没有让他重新选题。我们偶然遇到,他面带困惑地问我:**如何选题才合适?毕业论文要写到什么样子才算达标?**我问听讲座的同学们有什么建议。一个说:"把题目做小并聚焦。"另一个说:"以期刊发表为导向,在指定的期刊上发表就达标了。"还有一个说:"写到没有漏洞和缺点。"我说,那个同学目前还驾驭不了大研究,将题目做小,可操作,导师应该是这个意思。至于达标的问题,我建议他**查阅导师过去所带硕士生的毕业论文**,这样对老师的标准就心里有数了。另外,我还建议他经常主动约见导师,以减少导师对自己研究进展的"迷糊",同时与师门其他同学"抱团取暖",加深对研究和选题的认识。后来再遇到他,他说我的建议有用,不知为何当时没想到。**学生们没经验,当老师的,有时只要"稍""微""点"和"拨",对他们的帮助就可能很大。**

学生"另类",导师"善诱"。 接下来,我介绍了武汉大学徐岚老师在《登山观海:146 名管理学研究者的求索心路》一书中讲的一个故事。她的一个硕士生,雄心勃勃,但不肯用功,学习报告质量不好,研究模型也只是道听途说。徐岚指出他的问题时,他的反应既偏激又任性,甚至以死相逼。徐岚意识到,**学生不相信她的所作所为是为了帮自己,反而觉得老师过于严苛,剥夺了他的自主选择权**。徐岚反思自己对他的教育方式有哪些可改善之处,调整了和这位学生的相处方式,加强沟通,告诉他如期毕业的要求,允许他设定和分解达成目标的路径,而自己主要做他的指路人。一年后,他顺利毕业,找到了理想的工作,与徐岚告别时,为他之前说过的话道歉。

学生"平起",导师"平坐"。然后,我举了中南财经政法大学王新刚老师与他的学生一起讨论制订的硕士研究生团队培养方案的例子。在平等尊重的原则下,新刚从**两个方面(做人和做事)和三个方向(家庭、健康和学习)入手,让学生一条条地提出培养建议,并逐一讨论,定下制度**。有的学生希望毕业后直接去企业,有的则希望能够继续深造读博士。无论哪种选择,**均必须在研二上学期之前打下共同的基础**,后面才开始有所区别,有所侧重。通过规范化的培养方案,他和学生们共同制定了目标,并且详细规定了各任务完成的时间节点。在方案执行中,新刚为学生提供书单和国际一流期刊的文献清单,但目标任务和时间节点由学生自己结合实习、找工作和报考博士的实际情况而定,**主要由学生自我管理和约束**,到了汇报任务完成情况的时候,就在微信群里"打卡"。新刚说,效果不错。

聪明人,笨功夫?在总结时,我提到了老子说的"**大巧若拙**"(《道德经》第四十五章),意思是:大聪明是下笨功夫。读硕士学位,要与导师建立有效的一对一的关系,以保证得到悉心指导。**导师可能用"放养式"带学生,也可能"手把手"地抓细节。无论遇到哪一类,学生都必须尽快适应,以便顺利"过关"**。

讲座后,我向管理学院几位老师了解他们指导硕士生的经验。他们都说:**定目标和抓过程要一起来**。下面是些例子:人力资源管理系的蒋建武老师是十多年前院里第一个到外校读博的硕士毕业生。读完博士学位后,他回院任教,已经带了多年硕士生。**他将"读书""见人""动笔"贯穿于指导过程**。一是开出阅读清单,坚持每周讨论一次,以**增加学识**;二是带学生参加学术会议,并鼓励他们多与学术共同体中的师生们交流,以**增长见识**;三是要求学生在三年内至少完成并投稿一篇论文,以**创造知识**。

市场营销系的周志民老师、张宁老师和工商管理系的曾宪聚老师是我教过的学生,平时接触较多。志民强调文献的阅读和研究的创新,除每一两周单独见面交流外,每一两个月还集中各年级同学一起举办研究构想汇报会。此外,还让学生们参与他主持的年度中国城市创意指数项目(已持续6年),负责数据收集和分析,提供**边干边学**的机会;张宁每周都召集学生开研讨会,精读国内外顶级期刊上的文献,并汇报各自的研究进展,扩展学生对学科前沿研究方向和方法的了解,起到**及时督促和指导**的作用;宪聚则每一两周组织学生研讨,夯实基础,还通过深入企业的实践调研,增强对现实问题的关注和敏锐性,**体悟"理论与实践相结合"的妙用**,努力完成一篇尽可能高质量的学位论文。

看来,学生读研,下"笨功夫"是"硬道理",既考验学生,也考验导师。聪明是在平淡中坚持的结果。同学们的方向盘可以对着世界,但眼睛一定要"留""神"脚下。

最后,那天我作讲座时没有其他老师在场,这篇随笔也是写给他们看的。请老师们注意了!

2017 年 12 月 28 日

特别感谢:徐岚,王新刚,蒋建武,周志民,张宁,曾宪聚

3-6 "深大是你们的家"

2017年秋天,深圳大学(以下简称深大)管理学院第一次招收外籍博士生。四个来自巴基斯坦的博士生到校后,院里组织了一场座谈会,了解并帮助解决他们学习、生活等方面遇到的问题。

导师们和同学们探讨修课及科研等方面的问题,我则结合自己当年在国外求学的经历同他们"拉家常"(见本书彩插图片37)。

第一点:"**家人时刻挂念你们。让家人知道你们在这里平安是首要'任务'。**"三十多年前,我去美国留学,家书从寄到收,头尾差不多一个月,打越洋电话则经常要好几个钟头才能接通。当时中国大多数人家里没有私人电话,美国同中国的线路也很少,必须挂通美国最大的电信公司AT&T的长途台排队,轮到我打电话时,接线员拨通北京或上海的国际长途台,再由对方拨通我远在福建的妻子工作单位的总机,请总机去找我妻子来听电话。现在联系方便,最便捷的是微信视频。我笑着对同学们说:"家长都知道,小孩在外,快乐时经常不联系,联系时往往是碰到问题了。你们不是'小孩',无论学习多紧张,我知道你们都会与远方的家人保持密切联系。"他们听了,频频点头。

第二点:招收留学生是中国推进教育国际化的重要部分。从巴基斯坦来中国留学,异国他乡,举目无亲。真是这样吗?"**深圳欢迎你们,深大是你们的家。**"入乡随俗很**重要**。我走到会议室的白板前,画了一个圆(见图1),代表他们的**家乡**;然后在旁边又画了一个大一些的圆(见图2),代表深圳(**客乡**);接着将"深圳"套在"家乡"的外面(见图3),借用中国古代文学家苏东坡的说法"此心安处是吾乡",两处都是"**吾乡**",最后,又画了一个更大的圆套在最外面,代表他们"博士后"(读完博士学位以后)的**世界**(见图4)。

我解释说,**按照中国传统,一个人按照差序格局与"外人"相处,逐渐建立关系,发展友谊**。"家乡"代表巴基斯坦文化(包括同学们的教育背景)等,"深圳"代表中国文化(包括深大)。这个圆越来越大,代表他们美好的未来。中国古代哲学家老子有

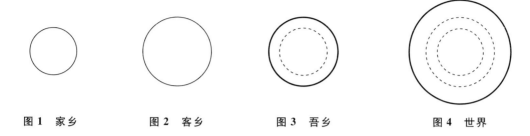

图 1　家乡　　　　图 2　客乡　　　　图 3　吾乡　　　　图 4　世界

个说法："**千里之行，始于足下**"（A journey of a thousand miles starts from a single step）（《道德经》第六十四章）。他们的求学路始于巴基斯坦，深大是他们学术千里征途的重要一步。我相信他们会以积极的心态，融入深大，多和导师交流，多和同学沟通，充分利用大学的资源，学习和成长。我尤其希望他们与同班的中国同学建立友谊。同班同学之间见面最多，而他们每个都对外国同学很热心。你永远不知道将来他们中的哪一个会帮到你。**多一个朋友，多一条路**（Walking with a friend in the dark is better than walking alone in the light. —Helen Keller）。

第三点："**今日深大生，永远深大人。将来你们无论在哪里，都要记住为母校争光，为增进中巴友谊作贡献。**"他们回应说："我们一定会"，一一与我握手拥抱。

交谈中，我发现，他们全都能用中文说一两句问候语，有一位中文说得不错，原来，他的硕士学位是在福建农林大学读的。而且，他们已经开始与中国同学交友。他们这么努力，我前面说的，显得有些多余，只是起提醒的作用。

我相信他们会珍惜在深大学习的宝贵机会，潜心学习，顺利完成学业。

2017 年 9 月 23 日

特别感谢：潘燕春，张庆宇，牛奔，周志民，郑付成，Jafar Hussain，Saqib Zulkaif Ahmed，Rana Muhammad Sohail，Shahid Mahmood

3-7　给新入职年轻教师的建议

2017年9月5日，深圳大学管理学院召开新入职教师座谈会。院领导们详细介绍了学院的情况，同时提出要求和希望，以帮助新入职教师更快、更好地适应环境，做好本职工作（见本书彩插图片38）。

虽说都是新入职教师，但彼此的年龄差别不小。我65岁，仅算博士毕业以后的教龄，就已经30年；而其他新入职教师几乎都是新科博士，年龄大都不超过30岁。他们介绍博士毕业论文的研究时，我皱起眉头，说了一句："你们的领域与研究内容，我没一个了解的。"大家都笑了。我确确实实不了解。我只听过他们研究的大领域，而具体的研究内容，有的还是跨学科的，几乎闻所未闻。我说完，也笑了。我猜，其他人可能跟我差不多，他们对彼此具体研究内容的了解，可能也不比我多。

院长刘军教授请我给年轻同事提些建议。我不熟悉他们的研究内容，又是初次见面，只好假定他们以前没有在大学任教的经历，从教学、研究、境界三个方面，各以八个字送给他们。由于座谈会时间有限，我当时没有具体解释，今天写成文字，希望能够分享给更多新入职的年轻教师。

教学：热爱学生，用心备课。熟悉教材、理顺知识点、把握重点，是教师职业的**基本要求**。新教师向有经验的同事请教，可以避免走弯路。**新教师要勤问，有经验的教师一定乐意指点**。我刚到香港城市大学时，向系主任游汉明教授请教。他提醒我，香港文化与北美不同，香港大学生上课主动发言的不多，老师不仅要多向学生提问，还要邀请学生多向老师提问。我很快就发现，游老师的建议管用。几十年下来，我发现自己在很多地方，永远有很大的改善空间。比如，知识讲解在深度与广度上的平衡，语言表达准确性与简洁性的提高，如何用表情和肢体动作营造氛围，如何调动学生发言的积极性等。

很多时候，教学问题与教学内容没有直接关系，是因为学生管理方面的工作没有做好。例如课程要求、小组编排、作业与考试安排没讲清楚等。因此，第一节课就要注意，把这些事项跟学生讲清楚。如果教师事先从学生的角度，由情入理，考虑周到，就可以避免出现不必要的问题。

保持用心，教学水平就能够不断提高。教学是教师事业发展的重要组成部分，也是教师职业幸福感的重要来源。书教得好的老师，都很受学生尊重，同时，这些老师自己也感觉很快乐。我的体会是，**教师起初只是一份职业，后来会变成一份事业，再后来甚至构成整个人生**（请参阅《佛光山的星巴克——〈道德经〉的启录》3-20 香港：职业，事业，人生）。

研究：不离主流，不随大流。 物理学家牛顿曾说："如果说我看得比别人更远些，那是因为我站在巨人的肩膀上。"（If I have seen further, it is by standing on the shoulders of giants.）攻读博士学位，学习做研究，同样是"站在巨人的肩膀上"，与前人研究同处一个领域，或属于同一思潮，**把"前人"（包括自己的博士生导师）的研究成果先向前推进一点点，是"不离主流"**。

博士毕业后，想完全"脱""离""主流"，开拓全新的领域，积累和功力应该尚不足，一年半载的时间，恐怕也不够。那怎么办？**顺着"主流"，做些"看得比别人更远些"的、"不随大流"的研究，比较现实**。"主流"与《蓝海战略：超越产业竞争，开创全新市场》一书中的"红海"类似（见图中的大圆），而"不随大流"是在"红海"中"开辟"出有新意的甚至是"独一无二"的"新天地"（见图中的小圆）。凡事皆有例外，但例外者是少数。

境界：不怕吃苦，乐于吃亏。 这一点最重要，但也最难。因为前面两点讲的都是"做事"，做的是加法；而这一点包含的"两样东西"（吃苦，吃亏）都是"做人"，做的是减法。民以食为天，可"吃"怎么做"减"法呢？**吃苦为何快乐，吃亏又如何会幸福呢？**

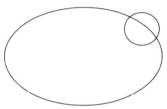

不离主流（大圆），
不随大流（小圆）

吃苦锻炼的是筋骨，而吃亏考验的是心志，两者层次不同，一个是小德，一个是大德。年轻人刚参加工作，"一无所有"，能吃苦，也不怕吃苦。但吃亏是由比较得失而引起的"不公平"感知，让人"心不甘，情不愿"。以教学工作量为例，我相信领导不会故意给同事多排或者少排课。如果某位老师这学期被多安排了一些课程，下学期可能就会减少一点，最终还是会达到整体的平衡。所以，**就算偶尔"吃亏"，也不必太过在意**。

我的一位同事用多年的实际行动说明了**"以苦为乐、吃亏是福"**的境界。香港城市大学市场营销学系创办不久，我被任命为代系主任，因为人手紧张，排课不容易。课程主任霍信昌老师总是主动承担标准教学量以外的课程。鉴于香港城市大学对超出标准的教学量不计额外酬劳，我只能发系里的教学奖给他，以资鼓励，但他也总是谦让，从不计较。霍老师还同时把系里行政方面的很多"苦活累活"揽去。**霍老师"舍"自己的时间和精力，选择吃亏，"得"心里的快乐，是公认的好老师**（见本书彩插图片22）。"道之出口，淡乎其无味"（"道"，说出来，是平淡而无味的）（《道德经》第三十五章）。**幸福来自平实**。

第二天，有一起参会的几位年轻教师发微信给我说，作为新入职的年轻教师，我"送"的24个字对他们有帮助。其中一位说："最有启发的是'不离主流，不随大流'。以前想，研究大道千条，我只取其一，争取做到独一无二。对自己这个'一'怎么成长出来，一直有困惑。周老师的话启发了我对'一'的新理解。"我回复说：座谈会很及时，你们认为我的建议有用就好。**我们一起加入管理学院这个大家庭，互相学习，一起进步。如果有什么我能帮忙的，请随时让我知道，我很乐意。**

2017年9月16日

特别感谢：刘军，游汉明，霍信昌，王红，郭海男，钱小虎，范壁，林美燕，马品，桂丹阳，周影辉，赖伟军，吴进进

3-8 认真教研，用心学研

2017年9月初，我入职深圳大学管理学院还不到一周，就接到学院教学研究沙龙的发言邀请。原来，管理学院每学期都举办两次教研沙龙，每两年还出版一本教研文集，至今已出版了六本。

大学是教书育人的地方，教学研究以"教学"为研究的对象，致力于不断提升教学水平，善莫大焉。我很乐意在沙龙上分享自己的一些经验。但，近年来，我越来越觉得，当好一名教师不容易。

1978年，我从福州大学工业与民用建筑专业毕业，留校当助教。"助教"的班级只比我低一级，大家年龄相仿，学识与阅历也接近，正因为如此，彼此之间，亦师亦友，亲密无间。上课时，同学们碰到的困难、提出的问题，我大多刚刚经历过，有些仍未解决，心里常没底，我能给的"助"不多，我"助"不了"教"的地方，他们似乎也不太计较。下了课，大家一起参加文体活动，"打"成一片，不分彼此。不久，我又参与指导他们的校外建筑工地实习，大家同吃同住，没有距离。回忆起来，那是一段极为快乐的时光（见本书彩插图片4）。

随着教龄的增加，某些方面，我和学生之间的"差距"——差别和距离——也增加了。我当年所"掌握"的不少知识，已经不知不觉地过时了，像我身体的器官一样，渐渐地老化，这几年，以眼睛的悄悄"老花"最为明显。那些老知识、"老眼光"，成了"积累"——积下的累赘，必须"更新""换代"，甚至替换。若继续用，这些知识好似过时的手机，已经"不灵"了，有些则像老皇历，根本行不通了。

还有，**我和学生之间的年龄差距明显地在拉大**，本科生的入学年龄仍然是18岁左右，而我的年龄却稳步"与时俱进"，已过65岁，正在"奔七"。俗话说：**"一潮水，一潮鱼，海钓不懂潮，空把时间耗。"**我对学生的了解已远不如从前。

其实，学生也变了。先是"天"变了——时代变了，从20世纪变为21世纪；"地"也变了——从中国变为"地球村"；"人"更是变了——比如，学生们用的"潮语"，一波波，一浪浪，很难跟上。

这几十年间，**对师生之间的沟通影响最大的有可能是信息技术的发展。**信息时代的潮流浩浩荡荡,"顺之者昌,逆之者亡",再"资深"的教师也必须设法跟上,否则,只会被更快地淘汰。然而,学生们是互联网时代的"原住民",而我最多只是被动的"移民"。互联网对学生们来说,是空气和水,而于我而言,只是在某些操作方面勉强跟得上。学生们使用微信时,个个都能用表情包沟通,我觉得"神奇"——神一样奇怪。当他们教我这些表情包的意思时,我觉得迷糊,例如,至今"哭""笑"不分,没有把握,不能用,用错了,自己与对方都将哭笑不得。我不禁想:到底谁是教师,谁是学生?

因此,尽管我的"心态"仍然年轻,可是**岁月不饶人。难道真的像俗话说的那样,长江后浪推前浪,前浪滚到沙滩上**?

怎么办?

我想,我们**不仅要认真"教研",还要用心"学研"**。我们常说的"教研"(动词)与教师(简称"教")、学生(简称"学")和教学研究者(简称"研")这三类人紧密相关。他们之间的关系可以用一个三角形表示。"教"者与"学"者为"锦",为"地",互相"看";"研"者"添花",为"天",向下"究"。老子说:**"有无相生"**(《道德经》第二章)。"教研"与"学研"是一对有无或阴阳,缺一不可。细想,"教学"("教""看""学")与"学教"("学""看""教")也是一对阴阳;"教研"("研""究""教")与"研教"("教""看""研")亦是一对阴阳;"学研"("研""究""学")与"研学"("学""看""研")又是一对阴阳。

我翻阅了管理学院出版的最新一本教研文集,其中 43 篇是老师们写的"教研"/"研教"论文(教师主导);4 篇是本科生写的"学研"/"研学"论文(学生为主),在老师指导下完成。47 篇论文,选题和关键词,有些从未听说过。作者都是教学的有心人。

跟上时代的潮流,教好,学好,研好,我对参加沙龙充满期待,相信能从其他发言者的分享中受益更多。不知这次有没有学生发言?

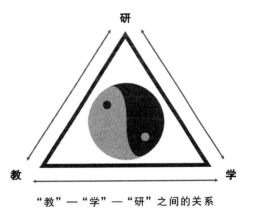

"教"—"学"—"研"之间的关系

2017 年 9 月 23 日

说明:本文曾以"教学+学研,用心+用功"为题收录在马卫红、丁夏齐(2017)《我们心向的事业:深圳大学管理学院教学研究文集(7)》,暨南大学出版社,略有改动。

请参阅:

马卫红(2015),《我们重负的责任:深圳大学管理学院教学研究文集(6)》,暨南大学出版社。

3-9　大学生要看得远一点：
本科生、硕士生、博士生，大同小异

最近在微信上看到一篇文章，讲的是本科、硕士、博士如何分别以"红烧肉"为题撰写毕业论文，从而区分三者之间的差异。中华民族讲究吃，吃完红烧肉，再读这样的一篇文章，哈哈一笑，既助消化，也促思考。

虽然我没有研究过红烧肉，但可以从大学教师的角度，略谈一下这三类学生的区别，进而为大一新生提一点学习建议，最后再谈一谈高中生报考大学专业的看法。由于我的随笔多针对博士生，所以特别想为本科生写一篇，希望本科同学们看得远一点，也希望对家长们有帮助。

对于**本科生、硕士生与博士生**，我想先谈"大同"，再谈"小异"。"大同"与"做人/树人"有关，更多是隐性的。接受高等教育，表面上是学知识，实际上是不断挑战自己，"修炼""人格"与"境界"，向前、向上发展，走向社会，融入世界，"见自己，见天地，见众生"，做个对地球有益的人。

"小异"与"做事/树木"有关，更多是显性的。韩愈在《师说》中说："**闻道有先后，术业有专攻。**"我将其理解为：人们学习道理的时间有早有晚，掌握专业技能各有所长。不同之处在于"闻道"的先后与"专攻"的深浅。从学习的角度看，三类学生的不同在于：

本科，培养通才（"普通"人才），侧重学"**What**"（"是什么"：概念、定义与基本理论）；

硕士，培养专才（"专业"人才），侧重学"**How**"（"怎么做"：应用理论解决问题）；

博士，培养专家（"专业人才"中的"行家"），侧重学"**Why**"（"为什么"：理论为什么可以解决问题）。

这里说的是"侧重"，而不是"仅仅"，因为三类学生都要学 What、How 和 Why。但总体上，**本科生向书本学，硕士生自己做，博士生自己想，越往后越独立**。

读本科要求"知其然"。要修通识课，也要修专业课，相对于硕士学位，这些课程是为了打基础，通过观察、模仿和应用进行学习。"学"与"问"，"思"与"考"；消化知识，锻炼"动手"能力。

读硕士要求"知其所以然"。常听说，硕士专业课比本科专业课"更深"。确实如此，但只对一半，另一半是"更高"，加在一起，是更"高深"。难点在于"更"，"**更上一层楼**"——更高的平台，**更加**"**专**""**精**"，有质的区别。既然是专才，独立性、提问能力、分析能力、创造能力、解决问题的能力等，都比本科学习要求更高。本科学习更关注事物的表面现象，硕士学习更关注其产生的原因及存在的因果关系。所以，人们常称硕士生为"研究生"，原因是学习更带有研究的性质。

读博士要求"创造""所以然"。"更上一层楼"易，"欲穷千里目"难。读博士学位是"欲穷千里目"，需要回答比读硕士时更深、更高层次的问题，并能创造出"新"

的知识。比如，用阴阳思维，把许多"司空见惯"的因果关系倒过来看，发现互为因果的"新"知识！这需要创新精神、逆向思维、敢于跳出框框看问题的能力。

可以说，本、硕、博三类学生，学习的境界不同。本科生"看山是山"；硕士生"看山不是山"，博士生要开始达到"看山还是山"的境界。

对比完三类学生的异同，我想对大一新生提些建议。我不过是"借花献佛"。2017年9月，深圳大学市场营销系的一位毕业生，在系里大一新生见面会上，与学弟学妹们分享读本科的经历时，提出了几条学习建议，很受欢迎。林凌宇学姐2016年毕业后去美国留学，2017年于马里兰大学获得市场分析理学硕士学位，现为新加坡国立大学市场营销系研究助理。凌宇的建议分三部分：一是"**规划，落实**"，四年远比想象中的短，毕业后是就业还是读研？要提前规划，化长期大目标为阶段小目标：大一？大二？大三？大四？分阶段落实。二是"**体验，兴趣**"，多体验，多尝试，"挖掘"兴趣。比如，参加"挑战杯"大学生创业计划比赛，既可以培养合作精神，又可能交到好朋友，还可能无意中发现未来的职业方向。三是"**理解，消化**"，看课本没法替代上课的收获，不要死记硬背，而要理解知识的来龙去脉，融会贯通。凌宇分享的"鲜活"的切身体会，可以帮助她的学弟学妹们少走弯路。

最后略论高中生填报大学专业的问题。**每年都有家长问我：小孩要高考，报哪个专业好呢？我的回答一直都是：报哪个专业，可能都差不多。**

我这样回答，直接原因是：大学毕业生终身从事所学专业的比例越来越低。间接理由是：我自己的经历。我是被工作单位推荐上大学的，由于在建筑公司工作，我被指定读土木工程专业；读硕士学位时，我被教育部安排念MBA；读博士学位时，我自主选择了最喜爱的市场营销学专业；毕业后在大学教书，我开始教市场营销学的"术"，现在教品牌文化与人生哲学的"道"。从1975年上大学开始，我在大学待了四十多年，越发觉得有很多新东西要学。这就是文章开头说的，无论是家长还是同学，都要看远些的原因。

高校不是"制造""机器"的工厂，也不是"培训""机器""人"的实验室，而是"培育""人""才"（"人格"+"才能"）的地方。无论读什么专业，无论读本科、硕士还是博士，都要将人格的培养放在第一位。

现实却不尽如人意。许多高中生是独生子女，从小被过度呵护，在衣食无忧的环境中出生、长大，最"痛""苦"的经历就是高中毕业那一年与父母"一起"考大学。他们不过进出考场两三天，父母却要日夜苦思如何为孩子填报专业。进大学以后，有些同学没有理想，没有目标，学习缺乏动力，只想"混"到一张学位证"了事"；有些同学在大四快要毕业时，才发现学分没修够，无法毕业；还有些同学到毕业时，还不知要找什么样的工作。这些同学一步就走出了大学校门，可是父母又要"没完没了"地为他们发愁。真是可怜天下父母心！

最后，攻读本硕博，未雨绸缪很重要。老子说："其安易持，其未兆易谋。其脆易泮，其微易散。为之于未有，治之于未乱"（局面稳定时容易保持和维护，变化迹象不明显时容易图谋。事物还脆弱时容易消解，事物还细微时容易打散。要在事变尚未发生时提前办妥；要在事物还未混乱时提前理顺）（《道德经》第六十四章）。上大学是梦想的开始，而理想的实现需要不懈的努力。同学们，加油！

2018年6月22日

特别感谢：刘雁妮，林凌宇

3-10 "读大一，我明白了什么？"

这个学期，我在深圳大学管理学院开了一门选修课——"品牌与人生"。这是一门短课，已于4月底结束（见本书彩插图片33、34）。现在，微信是我和学生们继续保持联系的主要方式。与修课时一样，我们**互称"同学"**。这些同学当中，有13位本科一年级学生，他们来自广东各地，平均入学年龄18岁。深圳大学风华正茂，活力十足，创意无限，同学们如鱼得水，畅游畅想。

大一学年几近过去。几天前，我在微信群里问同学们："读大一，你们有什么'体+悟'，明白了些什么？"我请同学们写出自己的答案，我告诉大家，写什么都好，尽量不要超过100字，这些回答会匿名收录到我的《学问人生——〈道德经〉的启示》一书中，相信大家的所体所感所思对学弟学妹们会有所启发。

"布置"完"作业"，我很好奇同学们将会写些什么。很快，我收到了他们的回答，**见字如人**。文字饱含感情，朴实、真切和生动。内容广泛，关于课内/课外、当下/未来、友情/人生、承担/思考……秋雨春风，和校园里的一棵棵小树一样，他们在"故事与苦乐"中成长了。他们"完成"的"作业"内容如下：

"第一次课堂演讲，我感觉糟糕，因此而失落、难受。此后，我主动在不同课上找机会演讲，至今还是没能完全达到自己的预期。大一或许就应该是这样吧！现在想来，挺感谢那次经历的。**初生牛犊不怕虎，继续勇敢往前闯！**"

"一进大学校门，我就被手机控制了。路上、课上、床上……都在看手机。渐渐地，近视加深，身体疲惫。既然自制力不够，那就断绝与诱惑源的接触吧！大一下学期，**我成功地摆脱了手机的控制**。现在，我不再手机不离身，也不再把手机带上床，只是单纯让它成为辅助我学习与生活的工具，而不是推我入地狱的恶魔。"

"大学伊始，我加入了管院团委学术部。学术部一年的经历，**让我学会了承担与合作**，明白如果自己完不成任务就会耽搁所有人，也体会到了集体里互帮互助的温暖。**建议学弟学妹们，在大一时就开始多参加集体活动，不论是心态上的成长，还是人际圈的扩大，都将受益匪浅。**"

"爱情可以暂时没有，但定要有友情。挚友会陪你克服许多未知的恐惧和无措，给你带来许多意想不到的惊喜和感动。舍友们曾一起悄悄地送了本书给我做生日礼物。友情大概就是这样，什么也不问，什么也不说，都放在心里。"

"**努力永远是对的**。忙只是借口，务必抽出时间阅读，而不是浪费在手机上；要独立思考，而非人云亦云；要定期认真反思，展望未来；与人交往要有礼貌，不喜形于色，但要坚持原则。**年轻时有很多彷徨，但更是选择和改变的好时机。**"

"这一年，我一直在寻找自己喜欢做什么。对此，同老师、师兄师姐们交流很多。

现在，我开始对自己学习的专业有了一些了解，也对毕业时要找什么样的工作有了一些初步的想法。我要努力啦！"

"曾自诩才华横溢，自负地领导过一个团队，后来才明白，**个人是集体的一部分，要大家参与和帮助才可能成功**。上了大学，我比以前更喜欢读书了，尤其是中国传统文化经典，越读越知道不读会后悔。阅读让我学会要面对现实，**学以致用，读书才有用**。"

"需要不断和别人'碰撞'，才知道'自我'到底是什么样子。**不要设限，而要遵从内心，矢志不渝**。这不就是我选择来到深圳这座年轻城市的意义吗？苏东坡说：'休对故人思故国，且将新火试新茶。诗酒趁年华！'别想太多，活在当下，奋勇直前，追逐梦想！"

"大一是寻路的一年、迷茫的一年，也是发展自我、发展规划的一年。我创办过自己的组织，失败了。我鞭策自己，**要做一个得到大家认可的好学生，但也要追求自己的理想**。愿自己终能独辟蹊径，而不为取悦他人而前行。"

"**大学一年，懂得了谦虚**。中学时期的尖子经历锻造了自己的傲气。进入大学，发现自己远没有想象中那样优秀。削减傲气，虚心学习，努力贡献，是我大学期间甚至以后必须坚持的事情。"

"**细想大一，体悟最深的是自我管理，最难做到的也是自我管理**。上高中或只需专心学业，而大学除了学习还要提升个人素养。琐事袭来时，容易迷失方向。这时需先明确：**精神有限，何为刃刃**？后是管理：一曰心态管理，莫失莫忘；二曰生涯规划，有舍有得。"

"我上大学前'很乖'，晚上不出去玩、不吃宵夜、不熬夜、不喝酒、不去KTV……这一年，我参加球队庆功、朋友生日等活动，把所有的'不'都尝试了。虽然有时候困倦不堪，但是与他们在一起很开心，我不想独自离开。我发现，这些**看似不良的行为其实是现在年轻人喜欢的、表达情谊的方式，也是我们必须经历的**。"

"大一'体'在感觉时间总比想象中的要过得快，不断学新东西，不断尝试解决新问题，总想交到更多朋友，但也发现维系原有的友谊似乎不容易。'悟'在**要充分利用大学这个大平台，抓住一切学习的机会，跳出自己的舒适圈，不要害怕犯错，感受过程，学会总结**。终究会成长。"

这些年轻的同学，走出家门，跨进大学门，勇敢地迈出了走向新世界的第一步。我45年前（1975）上大一。那一年，我明白了什么？很遗憾，已经记不清了。那么，我也写100字，让同学们知道，读完他们的感想后，我从字里行间看到了什么：

我看到了一颗颗充满憧憬的心。老子说："**知人者智，自知者明**"（了解别人的人叫作"智"，了解自己的人叫作"明"）（《道德经》第三十三章）。他们通过"与人共舞"，了解"自己"，慢慢地、快乐地收获"自知"。在这个过程中，"**自制力**"最重要。

未来已来。有激情，有希望，珍惜时光，体验人生，迈向世界。大一的同学们，你们真幸福啊！

2018年6月23日

特别感谢：陈韵琪，胡杨洋，黄健彦，黄秋霖，江国芳，李国宝，林晓珍，潘雪怡，魏华，吴雨枫，许浒，余晓文，郑佳仪

第四部分

知常曰明：四望如一

4-1 一个教育梦

说起汕头大学,大家都会想到李嘉诚先生。

因为汕头大学是李嘉诚基金会长期支持的核心项目。1980年,基金会一成立,就参与创办汕头大学,至2018年捐赠的资金预计将超过80亿港元。李嘉诚先生多次表示,基金会对汕头大学的支持会超越他生命的极限。**如此之大的投入,到底为了什么,带来了什么?**

为了一个教育梦。我刚访问过汕头大学。好客的郭功星老师与曾宪扬老师带着我在校园里转了一圈。我们跨入校门,很快就看到了学校的地标之一:真理钟。真理钟设计清新简约:一座约22米高的石柱支撑着一道金属弧,弧顶吊着一个两吨重的中国式吊钟。远望过去,柔和的金属弧和笔挺的石柱阴阳交错,代表着感性与理性。这座地标的画龙点睛之处是吊钟,钟声激励着汕头大学学子努力学习,探寻真知。但是,何为真知?

真理钟的设计者、美籍华人建筑师林璎(Maya Ying Lin),作为汕头大学2010年毕业典礼的主礼嘉宾发言时说道:"千万别忘了在你的工作与生活中注入一个更重要的理念——**帮助他人**。不要等到退休了,致富了,或是功成名就了,才想起为创造更美好的世界贡献自己的一份力量。"真理钟上刻有钟文。其中有一句说:"确立建立自我,追求无我之精神"。我想,真理钟的设计者和钟文的撰写者,都想表达一样的意思,要完善自我、超越自我。

图书馆离真理钟不远,其土黄色的外墙边,立着以色列雕刻家Zadok Ben-David创作的人物雕像"Looking up·Looking down"(见本书彩插图片62)。乍一看,这是一个5米多高的大人,细看才发现,这个大人由许多小人堆砌而成,旁边有一个不足0.8米高的小人,他们正对望着。大人象征社会,小人象征自我。由于尺寸反差强烈,营造出强烈的视觉冲击。雕像似乎在启发人们思考如何将小我融入大我。看来,这组雕像也含有**超越自我**的意思。

我到了商学院,热情的徐二明教授带我看了墙上一幅李嘉诚与一群商学院学生的合影。照片里，李嘉诚笑容满面，同学们兴高采烈。这张照片使我想起差不多十年前我与李嘉诚的一次会面。2008年12月5日，李嘉诚基金会资助的"长江学者"奖励计划十周年纪念大会在人民大会堂金色大厅举行时，我们两人有过短暂交流并合影留念。李嘉诚在会上发表演讲时说："我们在建立自我成功的同时，永远不要忘记**追求无我**，常常抱着为民族和人类作出贡献的良愿。"通过访问汕头大学，我对他说的"追求无我"有了比当年更深的理解。

带来希望。我到访汕头大学，适逢89岁的李嘉诚于前一天宣布退休。我在商学院以及校园里遇见的老师、同学，与我谈起这件事时，个个都说，李先生当初眼光卓远，意识到"**授人以鱼，不如授人以渔**"。在李嘉诚基金会的鼎力支持下，三十多年来，汕头大学不仅培养了许多本地人才，还吸引了许多外来人才。汕头大学医学院硕士生郑杰华同学对我说："如果潮汕地区没有汕头大学，我读本科时应该就去了外地，毕业后可能也会留在外地工作。汕头大学不仅留住了大量学生在本地读书，也使许多人毕业后留在本地工作。虽然潮汕地区仍不及北上广深，但是如果没有李先生和汕头大学，这个差距只会更大！"

站得高，看得远。离开汕头大学之前，我登上了学校旁边的桑浦山。从山上看汕头大学校园，像个美丽的公园。老子说："**非以其无私邪？故能成其私**"（不正是由于他无私吗？结果反而有成就）（《道德经》第七章）。李先生十几岁时，因战乱背井离乡，出走香港，虽未接受过完整的学校教育，却在商界取得了超乎常人的成功。在潮汕故乡情结推动下，他持续资助汕头大学，此为超越自我，帮助他人；他承诺对汕头大学的支持会超越他的生命极限，此为追求无我，成就他人。

功德无量。

2018年3月22日

特别感谢：郭功星，曾宪扬，徐二明，郑杰华

4-2　高高在上，为人着想

2011年10月，接到Myron L. Coulter教授（1929—2011）去世的消息，我的心情久久不能平静。

1981年，美国州立大学校长代表团访问中国，与中国教育部商讨开展两国大学之间的学术交流，成果之一是选送一批考上教育部公派出国留学的研究生，去美国大学攻读硕士学位。Coulter老师是代表团成员，我有幸被选派去他所在的爱达荷州立大学学习。

第二年夏天，我赴爱达荷州立大学攻读工商管理硕士学位。美籍华人李国钦（Kuo Ching Li, 1887—1961）设立的李氏基金会为我提供了两年全额奖学金，其中生活费是一年5 000美元。我虽省吃俭用，但每月付完食宿费用后，还是所剩无几。从美国往中国打国际长途电话，价格贵，线路少。一次，我给家里打电话，排了17个小时才打通。因此，我很少打电话回家。寄一封信，福州的家人要两个星期左右才能收到。两年留美学习，我没有回过家。

作为一校之长，Coulter老师的工作日程很满。我是一个普通学生，但他担心我孤单，节假日经常邀请我去他家做客。他们夫妻，年龄都比我大20多岁，为人随和，让我很快就适应了，我们总能找到话题聊。在他们家，我度过了不少快乐的时光。我的《佛光山的星巴克——〈道德经〉的启示》一书中，有一张1982年圣诞节我在Coulter老师家与他们夫妇的合影。1984年春天，Coulter老师得知我想读完硕士学位后接着读博士学位，便主动为我写推荐信。我很清楚地记得，在他说要写推荐信后不到一个星期，他的秘书就打来电话，说推荐信已经寄出，希望我能早日收到佳音。

Coulter老师**总是为人着想**。一个周末，我去他家，遇到来自不同学院的几位教授。Coulter老师向他们介绍我，还问了我好几个他早就知道答案的问题。我想，他是故意这样问，让老师们可以更快地了解我。有位老师一坐下，就问Coulter老师，前一个周末他们两人一起去钓来的鱼吃了没有。大家有说有笑，很热闹。谈天时，一位老师说，下周他要去首府博伊西开会。Coulter老师问："哪一天去？去几天？"那位老师讲了具体的日期。Coulter 老师马上说:"正好我太太和我也要去。我去博伊西开会。你不用开车了,一起去,正好给我们做个伴。我们也会载你回来。你觉得怎么样?"那位老师答应了,说,"那太好了,一程就省了我三个多小时的时间"(从波卡特洛开车去博伊西的车程)。我差点想插嘴说:"他载我去过好几个地方,是个好驾驶员。"我相信,他们那趟旅程一定很愉快。

我是从福州大学去爱达荷州立大学读书的。1975 年,我进入福州大学土木建筑工程系工业与民用建筑专业读书。张泽霖老师(1936—1990)是专业教研室主任。1978 年,我毕业留校当助教,张老师成了我的直接领导。我能留校,跟我英文比较好有关。那一年,中美正在进行关系正常化谈判,教育部开始选拔公派生去美国留学。**张老师想得很远**,没有给我安排很多工作,而要我抓紧时间学英文,说希望有机会送我去美国留学。我觉得这像登天一样难,但还是按张老师说的做了,对英文学习抓得很紧。后来,美国雪城大学(Syracuse University)医学院的 Ross 教授来福建省立医院交流,学校邀请他的太太开短期班教授英语,我们教研室有个名额,张老师推荐我去。这为我后来通过教育部出国研究生考试打下了很好的基础。

1984 年夏天,我读完 MBA 后,回福州探亲。张老师当时已经担任福州大学党委书记。他找我谈话,说学校有意安排我担任一个与我留学经历有关的副处级职务,征求我的意见。我对他说,既然犹他大学已经录取我读博,我想继续读下去。他说:"长远而言,这样更好。"我读博期间,张老师每个学期都来信,询问我的学习进展,并鼓励我。

老子说"贵以贱为本,高以下为基"(尊贵以低贱为根本,高尚以卑下为基础)(《道德经》三十九章)。**张泽霖老师与 Coulter 老师都是我成长道路上关键时候的贵人。张老师是土木工程学专家,理性、严谨,与我谈话时,经常一板一眼;Coulter 老师年轻时当过兵,还当过校队教练(什么队,我记不得了),热情、外向,爱开玩笑。两人的共同点是:关心他人,替人着想。**这应该是他们胜任大学领导者的原因之一。

两位老师都已谢世。写这篇短文,心里觉得沉重。谨以此文,表达对两位老师的爱戴与怀念。愿他们安息!

2011 年 12 月 25 日

4-3　人虽走，茶未凉

两个星期前，加拿大阿卡迪亚大学的一则新闻引起了我的注意。新闻称，作为庆祝建校 175 周年活动的一部分，校园的 University Drive（大学路）将改名为 Perkin Way（Perkin 路），以此向第十二任校长 James R. C. Perkin 教授致敬。

Perkin 是该校历史上第一位从教师一步步荣升至校长的教授。1981—1993 年担任校长期间，他不仅带领学校进行变革，还对学生和教职员工关爱有加，深受爱戴。荣休以后，Perkin 老师每年必回校观看毕业典礼，目睹每一位毕业生从大学路步入会场，获得毕业证书。为了表达对 Perkin 教授的敬意，阿卡迪亚大学决定将大学路改名为 Perkin 路。

Perkin 卸任校长后荣休，至今已过去 20 年。如今，他已经 80 多岁，无权无势，早已"微不足道"。 大学路在这个时候被改名为 Perkin 路，真是出乎意料！

1988—1994 年间，我在阿卡迪亚大学任教，与 Perkin 有过有限的接触。下面是这些接触的一部分：

一句话。1988 年 1 月底，我从盐湖城去阿卡迪亚大学面试。华灯初上时分，航班抵达哈利法克斯（Halifax）机场。阿卡迪亚大学商学院的 Richard Sparkman 教授接到我以后，邀我先去市区品尝当地有名的大西洋大龙虾，然后才去阿卡迪亚大学所在地五福镇（Wolfville）。汽车在高速路上疾驰，一路少有村镇，偶尔有几处灯光。行驶 100 多公里后抵达五福镇时，已过半夜。五福镇位于北纬 45 度，与哈尔滨的纬度差不多。天寒地冻，路面很滑，进入我入住的小酒店时，我看见酒店的屋檐下挂着冰凌。盐湖城是个大城市，我来之前已得知，五福镇是个只有 4 000 人左右的小地方。来了以后，我才发现这个小镇比我想象的还要小。这一夜，我睡得不安稳。

第二天面试，环节之一是在校长办公室与校长见面。我们握手寒暄——这是真正的"寒""暄"——窗外挺立着许多光秃秃的树，地上铺满莹莹白雪。坐下后，Perkin 微笑着说："前几年秋天，有一位来面试的美国人，也坐在你这个位置，这位美国人说：'从这里看，校园的景色很美，像美国的新英格兰。'我答道：'**这一带的历史更悠久，应该是：新英格兰像这里一样美**'。"这一幕对话，20 多年后，我仍记忆犹新。

秋天，我入职阿卡迪亚大学。这所大学创办于 1838 年，我入职时，学校已经有 150 年的历史。1920 年的毕业生 Charles Brenton Huggins（1901—1997，1966 年诺贝尔医学奖得主），于 1972—1979 年回校担任校监（Chancellor）。他热爱母校，将诺贝尔奖的奖章送给了阿卡迪亚大学。走进学校图书馆，就能看见一个橱窗里摆着他的诺贝尔奖章，以鼓励后辈学子。

阿卡迪亚大学以本科教育为主，**校训是"A Place to Grow"（一个助人成长的地方）**，曾连续几年蝉联 McLean's 加拿大本科教育最优秀大学称号。大学在校学生人数 3 500 人左右，师生比例大概是 1∶10。师生在校园里碰面，虽不一定知道对方的名字，但多会互相点头或打招呼，给人一种温暖大家庭的感觉。校园的秋天很美，树上红叶黄叶，色彩斑斓。不知怎的，我很快就觉得，**老师们像校园里的树，而学生们像树上五彩缤纷的叶子**。

一双溜冰鞋。冬天很快就来了。午饭后，许多教职员工和学生去学校的滑冰馆滑冰，我也参与其中。去滑冰馆的路上，我常见 Perkin **手里提着一双溜冰鞋**，和大家有说有笑。我是滑冰新手，滑得很慢。Perkin 滑过我身边时，总要鼓励我："You are getting better. Keep up!"（你滑得越来越好了。加油！）

一个电话。1990 年的一天，我小女儿出世。第二天一早，令我意外的是，Perkin 打来祝贺电话，甚至连我女儿的名字都已经知道了。我觉得纳闷，他是怎么知道的？次日，我收到他的一张贺卡，上面有他的签名。之后，在校园碰面时，他经常问我："**你的小女儿怎么样了？**" **小女儿出生时，我不到 40 岁，他刚过 60**。虽然**我们没有私人方面的来往**，但在我心目中，他是长辈，还是阿卡迪亚这个大家庭的好家长。

曲终人散？ 常言道："世态炎凉。"但阿卡迪亚大学在 **Perkin 校长离任 20 年后，用以他的名字来命名学校道路**，可见在他身上，人虽走，茶未凉。人们记得他，一定跟他的风趣、平易近人、关爱他人有关。

老子说："**善建者不拔，善抱者不脱，子孙以祭祀不辍**"（善于建树的人，不可动摇；善于抱持的人，不会失脱，子孙的祭祀不会断绝）（《道德经》第五十四章）。Perkin 校长"**善建**"和"**善抱**"，他是这个历史悠久的校园里的一棵常青树。

睿智象征光明。善行温暖人心。

2013 年 11 月 30 日

补记 1：如果一定要我说对 Perkin 校长的整体印象，那就是他是英国人，一个**善解人意的绅士**。教神学的他，话不多，音调也不高，但你能感觉到他的真诚、坚毅与和蔼。

我取得终身教职后，1994 年到香港城市理工学院（香港城市大学的前身）访学，后来决定留下。1996 年春天，我回五福镇搬家时，看到 Perkin 在他家前院的小草地上割草。我跟他打招呼，告诉了他我要离开的事。他明白，我离开不是因为我不喜欢阿卡迪亚。像平常一样，他一脸微笑，平静地问我："你的家乡离香港有多远？"我说："不远。"他说："亚洲发展得很快，是回去的好时候。祝福你！"

尽管已离开阿卡迪亚大学 20 余年，我至今仍收读按季出版的校友会会刊 *Acadia Bulletin*，从第一页翻到最后一页，可见阿卡迪亚在我心里的位置。**在那里的六年时光，影响了我的价值观与思维和工作方式。当教师，要学习关爱（关心＋爱护）学生；当系主任，也一样要学习关爱（关心＋爱护）"下属"（同事和学生）**。人生有缘，才有机会相处，要感恩，要珍惜，若有帮助他人成长的机会，要尽心＋尽力。

2017 年 12 月 1 日

补记 2：写完补记 1 两个星期后，我看到阿卡迪亚大学发出的讣告，说 James R. C. Perkin 教授于 2017 年 12 月 13 日去世，他走得很平静。**校长安息！**

2017 年 12 月 16 日

4-4 龙马精神"看"世界，驴不停蹄"混"日子？

这个故事，我已经不记得最早是哪一年从哪里听来的了。后来，每次去西安，我都会想起故事里的主角。它们是这座古城里的一匹马与一头驴。很久以前，这座城叫长安，这匹马和这头驴都住在这里。

在人们的印象中，马活泼外向，驴寡言内向。马长得像龙，有些认识它的人称它为"龙马"。驴长得像马，但没有几个人认识它，因为它足不出户，人们称它为"马户"。它们得的"别名"，可能与它们各自的性格有关。

它们是一个磨坊里的"舍友"。白天，马在外面拉货，驴在磨坊里拉磨。夜间，它们无话不谈。它们的志向有天壤之别。只要一谈起这个话题，就争执不下。马说："**世界这么大，我想去看看。**"驴回答说："**长安好地方，还不够你看？**"

有一天，马向驴告别，去了远方。

马不畏艰辛，靠着"龙马精神"，以苦为乐，不仅见到了他想看的世界，还学会了很多新技能和新本事。上刀山，下火海，翻火焰山，跨流沙河……马历经千难万险，但一路上也饱览了日月星辰，山川河流，风土人情。

驴待在磨房里，每天醒来，逆来顺受，蒙起双眼，围着磨盘转。天地狭隘，无风无险，一天"混"一天，日子过得很快。起初，驴还不时想起曾经与自己相依为命的马。但日子久了，一直没有马的消息，驴渐渐地就忘记了马。

多年后，杳无音讯的马突然出现在长安城，就像是从地里钻出来，或是从天上掉下来的。那天夜里，两个老朋友彻夜无眠。马讲了很多见闻，驴问了很多问题。

马说："我去了印度，途中危险重重，几次置之死地而后生，做梦都没想到，最后可以活着回到家乡。我交了几个好友，其中有一只猴子。还有，我的主人一直对我很好。尽管每次都有惊有险，却庆幸总能化险为夷。"

驴感叹："惊心动魄，真不容易！难道你就不害怕？没有动摇过吗？"

马回答说："因为年轻，**我想看世界**。'我'是'何人'（Who），'想'是'何时'（When），'看'是'何法'（How），'世界'是'何地'（Where）。但是，到底想看'什么'('何事',What),以及最重要的'为什么'想看('何因',Why),我不是很清楚,但还是去了。"

驴说:"这都十七年了!我贪图安逸,不愿冒险,所以没同你一起去。这些年来,我'驴不停蹄',行走的距离不比你少。你乘风破浪,我原地打转,还盲目地以为自己'与时俱进'。前怕狼,后怕虎,我的心态一天天地老去。如果我现在去看世界,会太迟吗?"

马说:"人们看我回来了,都说:'白驹过隙,忽然而已。'你现在去一点也不迟。你看,我那时都没有搞清楚到底要'看什么'以及'为什么要看',就去了。我没有先知先觉,只是不知不觉地向前走,现在跟你讲的是后知后觉。此生已无憾!你现在所有问题都很清楚。你一定行的!"

驴深受鼓舞,自言自语:"生活要有目标,生命才有奔头。我要开放眼界,努力成为自己。"

老子说:"知不知,上"(知道自己的不足,是件好事)(《道德经》第七十一章),知行合一,知易行难。不知驴后来到底做得如何。下次去西安时,我要打听一下。

2018 年 5 月 31 日

4-5 登高若为学：
香港城市大学退休有感（一）

按香港城市大学（以下简称"城大"）的规定，职工退休日期是65岁生日后的7月1日。感恩城大，从1994年7月起，我在这里工作了23个春秋。今天是我在这里的最后一个工作日。"所有的历史都是现代史。"趁"热度"还在，不妨写几段文字作为纪念。

此刻，从我位于AC3教学楼10层的办公室远眺维多利亚海湾，蓝天下，白云缓缓飘浮，港岛群山与九龙楼台一览无余。AC3（最近被冠名为"刘鸣炜楼"）是城大的地标，坐北朝南，外形如航船，主要使用者是商学院。学校北边不远处的笔架山海拔458米，是九龙半岛的主山。懂风水的朋友说，**城大面水背山，前有"风"有"水"，后有"靠"有"山"，是做学问与成长人生的好地方**。

23年间，我登笔架山过千次，乐而不疲。英国探险家乔治·马洛里（George Mallory，1886—1924）在被问及为何想攀登珠穆朗玛峰时回答说，"Because it's there"（因为它在那里）。当别人问我为什么喜欢登笔架山时，我常借这句名言回答，同时也补充一句："那里最近。"我在福建沙县的山区长大，对山一往情深。后来一直生活在有山的城镇里，来香港工作，学校附近又有山可登，应是缘分。

随着登笔架山次数的增多，我积累下些许心得。这里谈两点。

首先，有心就有希望。以海拔大概40米的城大广场回旋处为参照，笔架山的高度超过100层楼。不少人跟我说，上笔架山很难。而我以为并不难，**一步一个脚印，不放弃就能登顶**。

登笔架山可以分段来。出校园，沿着公路走一两公里，便到了新开的龙驹道边的笔架山山脚，海拔140米左右。接着上300多级台阶，有些人用力过猛，到200级左右就已疲惫不堪，选择放弃。若坚持走完，上到海拔200米左右的龙欣道边的休息亭，又会有一些人觉得体力不支，选择放弃。休息亭后的几百米是平缓上升的公路，到了海拔350米左右，公路与麦理浩径第五段交接处，有两条路径可选：沿着U字形的公路继续缓缓向前，或者从麦理浩径上行300多级较陡的台阶。到海拔400米左右，公路与麦理浩径再次交接时，顺着公路慢慢上行，这时已经胜利在望，只需坚持十分钟左右，便可上到山顶附近的观景点，全程不过三公里多。因此，**山虽然"在那里"，但若想领略山顶风光，必须不怕苦和累。如能长期坚持不懈，锻炼效果才可能明显和持久。**

其次，动脑就有路。上面这条是大多数人都能顺利走完的"大路"。这种走法，对我而言，早已不过瘾。这几年，我经常走难度大一些的、少有人行的小路，靠沿途树上的塑料布条标记找路。同时，我还另辟难度更大的、隐没在树丛与杂草之间、没有任何标记的"蹊径"，有些地方甚至无路可走，须要攀岩或钻树丛才能前进。其中有一条我偏爱的"捷径"，从前文中提到的休息亭起步，沿著名的笔架山攀岩石旁边攀爬，接着穿树丛，不用20分钟就可以到达山顶附近的观景点，而顺公路走，需要一个钟头左右。我很少带人走这样的路线，因为体能与技巧要相当好。为了在确保安全的前提下行得更快、更省力些，不仅经常要手脚并用还要"未雨绸缪"，眼睛与脑袋必须提前考虑三步以上的路。我的心肺功能及手眼脑都已习惯这种登山方式。在我的印象里，只有王新刚老师、童泽林老师、曾兴敏老师等几个人跟我走过这样的几条小径（见本书彩插图片74）。他们年轻力壮，已经通过了笔架山的"考验"。今年上半年，我带校体育部的周日光教练走了六条这样的小径。我对他说，我将退休，笔架山可以作为学校重要的校外免费体育资源，我希望将这些宝贵的资源"留下"。

无论从事哪一行，道理都与行山相通。初期，遍览前人的"风光"，"模仿""继承"，凭意志和体力"冲刺"；当功夫积累到了一定阶段时，可尝试"独创""开新"。

老子说："千里之行，始于足下"（《道德经》第六十四章）。彩虹在心里，一笔一笔绘。

登高若为学，感恩笔架山。

2017年6月30日

4-6　登山可致远：
香港城市大学退休有感（二）

我在香港城市大学（以下简称"城大"）工作的23年间，曾登过学校北面的笔架山千余次，日积月累，触类旁通，明白了一些做学问与做人的道理。我将这些道理归纳成学术人生的三个阶段，与学友们一起践行。这些学友中，有我的同事和学生、参加城大营销学系"夏令营"的内地博士生，以及商学院EMBA（中文）项目的同学。我们登学校笔架山的感悟，有一些已经收录在《登山观海：146名管理学研究者的求索心路》一书中，也有一些是首次记录成文字。现与大家分享如下。

阶段一："野蛮"体魄。梁启超说："野蛮其体魄，文明其精神。"体魄需强健，精神需文明，登山或可兼二者之长。夏令营中，我安排了一门"必修课"——每周集体行笔架山一次。上一次山，看似"浪费"了两个钟头，实则"功不唐捐"。行山回来，大家普遍反映注意力更集中，效率更高，胃口更好，睡眠更深，表示"值得"。其中，于雪（武汉大学）写道："通过爬（笔架）山，我们的气色明显变得更好。""游泳（'夏令营'的另一门'必修课'）、登山……带给我身体健康的同时，更给了我精神的鼓励和陪伴。"郭昱琅（武汉大学）说："夏令营成员第一次爬笔架山时，部分营员身体不适，到半山腰就放弃。但夏令营快结束，爬更难的狮子山时，我们全员都到了山顶。""在（学术）人生的每一小段逼自己一下，也许意味着获得了新的平台和机会，也意味着在耐力跑上有了新的动力。"

阶段二："探究"学问。行笔架山是一种因地制宜的"游学"（边"游"边"学"）形式。如果说各自在"书斋"里用功是"琢磨"，行山途中的讨论交流则是"切磋"。彭璐珞（北京大学）说："大家闲话笑谈，更多是切磋学术、探讨研究""路中偶遇胜景，大家欢喜驻足、一阵雀跃后，……总能迅速重拾之前的研究话题""正是在这宽严并济的行山途中，大家的许多研究构想悄然成型。"童泽林（北方工业大学）说："钻研学问犹如行山，行至半山腰，遇到瓶颈，不进则退。"杜建刚（南开大学）说："爬过（笔架山）三次以后，突然悟到，只有反复爬同一座山才能发现藏在山中的奇石异木，如果每次爬不同的山，记住的往往只是一级级台阶。山路走多了才能闻到山的味道，学术研究背后的味道也是需要深耕才能有彻悟的。"

二十九年间，维多利亚港两岸景观最明显的变化是一些拔地而起的新建筑，比如，港岛那边有2003年完工的香港国际金融中心（高420米左右），九龙这边有2011年落成的香港环球贸易广场（高480米左右），近处则是2009年通车的昂船洲大桥。香港背靠内地，才有今天的繁荣。2014年年底，被笔架山"兜"了二十年、思考了五年后，我用三个月的时间，感悟出一篇"画"香港"龙"靠内地"人脉""点睛"的小文章（见《佛光山的星巴克——〈道德经〉的启示》3-12 香港：龙脉与风水）。

阶段三："启悟"生命。 老子说"知人者智，自知者明"（《道德经》第三十三章）。**登山探学问，核心在于体悟生命。** 曾宪聚（深圳大学）说："我们确实是在'登山'，但更是在'对话'，与师友、与自己、与笔架山的对话。"费显政（中南财经政法大学）说："爬笔架山的次数多了，发现任凭世间疾风细雨、天上云卷云舒，它总是这般不动声色、稳如磐石。其心之博、其志之坚，发人深省。"王新刚（中南财经政法大学）说："登山大学问，越悟越多，越挖越深，取之不竭，用之不尽。"赵卫宏（江西师范大学）说："每次登上笔架山，俯瞰着维多利亚港湾的委婉婀娜、寸土寸金的高楼林立，探问老子的大智大慧，学问犹如生于市井而论在云端。"解尚明（香港城市大学-复旦大学联合培养工商管理学博士项目）说："一次与我行笔架山时，边走边谈……先生开出的书单是《乡土中国》，……收获的是学术以外的生命感悟。"张伟伟（香港城市大学）说："以后有机会要多带孩子爬山，我想这是最好的教育，教孩子如何克服困难，开阔心胸，格局大了，烦恼就少了。"段翔明（香港城市大学）说："站在山顶俯瞰九龙时，我突然意识到，我们想成为什么样的人，可能不在于我们的能力，而在于我们的选择。"魏东金（香港城市大学）说："不是拼尽力气登顶就结束，还要安全下山才算成功。上山靠勇气，下山显智慧。"姚琦（重庆交通大学）说："山林中间道，谈笑间明理。路在脚下，志存心间；登高望远，不畏浮云。豁然顿悟：行山如是，做学问亦如此！"冯小亮（广东财经大学）说："登山可以强身健体，登高望远带来的是思维升华。一路上只见'树木'，登顶后可见'森林'！"白寅（天津大学）说："纵有千古，横有八荒。越近山顶，越要认清自己的位置和前进的方向，不要迷失自我。"杜鹏（中南财经政法大学）说："你心中一定要有座山。它使你总往高处攀登，它使你总有个奋斗的方向，它使你任何一刻抬起头，都能看到自己的希望。"**对我而言，初登笔架山时，从观景点四望，有种"一览众山小"的感觉；而现在，不管往哪个角度望，都觉得自己不过是一只"井底之蛙"**（见本书彩插图片 72、73）。

教育是用生命感化生命。 《论语》首句"学而时习之"，"习"字训诂为"小鹰试羽"，小鹰初学飞翔，日日勤练，**屡仆屡起**。我带学生们登山，犹如放飞小鹰，带他们在山间林下试炼翅膀。如今小鹰纷纷展翅高飞，如同维多利亚港两岸新增的高楼，**矗立于世**。6 月 3 日，我在商学院做了一场荣休讲座。有几位曾修过我的课现已毕业的 EMBA 校友，专程从外地来，就像长大的小鹰飞回来，令我感动。在讲座中，我问自己，并提醒听众，**为什么我坚持和学生们去笔架山游学，接受"洗礼"？因为我最担心自己和学生们只是努力保持优秀，而不是持续追求卓越，结果是用心迈向平庸。**

追求卓越不易。 记得有句广告语："思想有多远，我们就能走多远。"**人往高处走，登山次数多了，才能"消化"眼前的"景""象"，越往上行，思考与境界自然越"高""远"。** 在大自然中领悟人生真谛，层次不同，风光各异，潜移默化，行胜于言。

"欲穷千里目，更上一层楼。"

2017 年 6 月 30 日

特别感谢：于雪，郭显琅，彭璐珞，童泽林，杜建刚，曾宪聚，费显政，王新刚，赵卫宏，解尚明，张伟伟，段翔明，魏东金，姚琦，冯小亮，白寅，杜鹏

4-7　为什么河南人经常说"中"?

去河南访学时,我注意到,当地人表示同意时,经常说"中"。我去过的地方当中,印象里只有河南人这样说。这是什么缘故?

我的好几个亲友与学生都是土生土长的河南人。通过向他们逐一了解,以及自己做"功课",我发现了**三个重要原因**:"**中庸**""**中原**""**天地之中**",分别对应于"**人**""**地**""**天**"。

"**中庸**"。河南人天性直率,像"中"字中的一竖,笔直清楚,不拖泥带水;又像"中"字中的"口",方方正正。**言由心生**。表示对一件事的承诺或一个人的肯定时,"中"字的发音显得"中气"十足,比"赞成""行的""可以""不错"或"好的"等更简短有力。这或许也源于历史上这一带战火不断,没时间长篇大论,表达意思必须简单明了。

由"中"字可窥探主导河南人思维的中庸之道。河南人也用"中"来表示"委曲求全",愿意为了成全别人而委屈自己。"**这样也'中',那样也'中'**",将河南人的高情商体现得淋漓尽致。他们不认死理,懂得变通。"**只有心眼活,才能吃白馍。**"

一个学生说,他上中学的第一堂课时,无论班主任讲什么,朴实的同学们全都异口同声地回答:"中!"老师称赞他们:"真是地道的河南人。中!"

一个学生家长举了一个"**中**"**是**"**中庸**"的例子:河南人心里有时候虽然不是那么乐意,也会勉强以"中"表示"不行的行"。他的孩子读完博士学位后,没有留在家乡附近,而是去外地工作,他还是说"中",就是这个意思。这使我想起了老子说的"**多言数穷,不如守中**"(《道德经》第五章),意即"废话少说,居中为吉"。

"**中原**"。河南省的大部分地区在黄河以南,故称"河南"。古时,"天下"曾分为九州,当今河南这一带主要属豫州,故称"豫",**豫州为九州之中心,又称**"**中州**""**中原**"。考古学家严文明认为,史前中国文化并非出于一源,可以分为几个区,各区都有自己的特色,同时又有不同程度的联系。它们就像一个巨大的重瓣花朵,花心是中原文化区,周围的甘青、山东、燕辽、长江中游和江浙文化区是第一层花瓣,再外围的文化区是第二层花瓣,**中原文化区起着联系各文化区的核心作用与辐射作用**(严文明(1987),"中国史前文化的统一性与多样性",《文物》,3:38—50)。此外,"**五岳之中**"**在河南**。大约在汉朝时,人们出于对山川的崇拜,开始将五大名山(泰山、华山、嵩山、恒山、衡山）合称为"五岳"，并尊河南登封的嵩山为"中岳"。为了祭祀中岳神，登封还盖了座宏伟壮观的中岳庙。

"天地之中"。此"中"，因为有"天"，代表"至高无上"。2010年，登封的"天地之中"历史建筑群被认定为世界文化遗产，有八处十一座建筑，其中包括中岳庙。它们当中，**我斗胆"推断"，"天地"之"中"是观星台。**理据如下：传说周朝在中原建都时，曾在这里修建"测景台"，中国传统的节气划分日："冬至""夏至""春分""秋分"，就是在测景台实地观测划定的。登封的观星台，是中国现存唯一保存完好的古天文台，由元朝天文学家郭守敬始建，**"昼参日影，夜观极星，以正朝夕"**。他还测定了二十四节气，以实行当时世界上最先进的历法。观星台是一座高大的砖石结构建筑，由台身和量天尺组成，保存了古代圭表测影的实物。这个观星台在世界天文史与建筑史上的价值都很高，1961年被国务院公布为第一批中国重点文物保护单位（见本书彩插图片69）。

民以食为天。二十四节气对指导农业生产意义重大。当气温、降水、日照等气象条件适宜农作物生长时，种植的粮食就丰收；反之，则会减产甚至颗粒无收。因为观星台在当地，近水楼台，河南的农民可以比其他地方的农民更精准地按二十四节气组织农耕活动。**天时地利人和，三"中"齐得，五谷丰登，人丁兴旺，难怪河南人口名列全国前茅。**

中原大地，欣欣向荣，未来美好。**祝福河南人民。中，中，中！**

2018 年 6 月 10 日

特别感谢：蔡树堂，陈瑞霞，陈友华，陈香，崔楠，丁晓楠，董滨，董伶俐，董晓松，何泽军，胡沛枫，金焕民，金珞欣，李耀，刘长国，刘好强，刘红阳，刘潜，马杰，马勇，马卫红，穆健康，牛全保，申海波，王殿文，王凤玲，王新刚，王毅，王琳琳，吴宏宇，袁靖波，许颖，杨德锋，余樱，曾宪聚，张宁，张新发，郑煦，周宝君

补记：河南财经政法大学的牛全保老师读了这篇随笔后，发来微信，说河南博物院（国家级博物馆）的外形是根据登封古观星台设计的。我向他的同事董伶俐老师提起这件事时，说我没去过那里。董老师有心，专门去河南博物院查阅了相关资料。

1991年，河南省政府决定重建河南博物院。东南大学的齐康教授出于报恩之心，承担了方案设计。齐老师是我国建筑界老前辈杨廷宝的弟子（杨廷宝与梁思成齐名，在建筑界享有"南杨北梁"之誉），而杨廷宝是河南南阳人。齐老师遍访河南的名胜古迹，最后在登封观星台寻找到了设计灵感。齐老师登上古观星台时，顿感如此宏伟的建筑，正是自己苦苦寻觅的**"中原之气"**。齐老师设计的博物院，主体展馆外形呈金字塔形，具有东西南北四正向的定位，四角由四根斜梁互撑，构成四面八方，体现《易经》八卦；金字塔顶，指向北方中天，象征中原是**"地心天中"**，而整体建筑共九座，采取中国传统建筑中心对称布局，有**"九鼎定中原"**的寓意。

这与观星台是"天地"之"中"的说法不谋而合。

2018 年 6 月 24 日

4-8　金庸实现不了的第四个理想

金庸，本名查良镛，浙江海宁人。1948 年移居香港，创作了多部脍炙人口的武侠小说，享誉四海，"凡有华人之处，必有金庸小说"。金庸的另一成就是办报。1959 年他与沈宝新在香港创办中文报纸《明报》，盛极一时。后因金庸子女无一人有意从事报业，1991 年，于品海买走了《明报》的控股股份，金庸于 1993 年 4 月 1 日辞去明报企业有限公司董事局主席职务。

第二天，金庸在《明报》上发表短文"第三个和第四个理想"：

每个人的理想各有不同。对于我，第一个理想是，少年和青年时期努力学习，得到相当的知识和技能。第二个理想是，进入社会后辛勤发奋，做几件对自己、对他人、对社会都有利的事。第三个理想是，衰老时不必再工作，能有适当的物质条件、健康、平静愉快的心情和余暇来安度晚年，逍遥自在。第四个理想是，我创办了《明报》，确信这事业对社会有益。希望它今后能长期存在，继续发展，对大众作出贡献。我一生很幸运，真要感谢上天的眷顾。上面所说的四个理想，我大致都得到了。第四个最难，因为这不是个人所能决定的。一个事业是否能够长期存在和发展，依靠一代又一代年轻人长江后浪推前浪，依靠接掌这个事业的年轻一代比上一代做得更好。

……

这样安排之后，我当然不再"拥有"《明报》了。但什么叫作"拥有"？你能永远拥有你的一切吗？二三十年之后，我人都不在了，还能拥有什么？古诗："人生不满百，常怀千岁忧。昼短苦夜长，何不秉烛游？"你能拥有一件事物一百年、九十年吗？再过三四十年，于品海先生也要将《明报》交托给别人了。

他比我小三十几岁，总可以再主持三十几年吧？

金庸说："经过相当长时间的交往和了解，我觉得于品海先生的经营管理才能令我十分佩服，正是巩固与发展明报企业的理想人才，同时他对新闻事业具有热诚，那是非常难得的性格。他出的价钱不是最高，连第二、第三高也不是，但我很乐意将《明报》的控制股权交在他手里。"

对于于品海成功收购《明报》，金庸解释说："如果不是我运气好，不会遇到于品海先生这样似乎'度身定做'的，比我所想象、所要求更加精彩的人才。在和他交往数月之中，倾谈'大计'，投机万分。我们在香港天南地北地长谈，两个家庭又一起去日本旅行，在温泉旅馆中越谈越高兴。他是在加拿大读政治经济系的，对传播事业至少已热衷了十年。至于企业筹划，那是天才。"

按照前辈哲学家冯友兰先生的说法，**功利（为自己）、道德（为社会）、天地（为宇宙）是人生三个自低到高的境界，都必须"做"才能实现。**金庸的前三个理想（**努力学习、进入社会、逍遥自在**）类似于这三个境界，分别可以简称为"**存活、自由、自在**"，都是"做"的结果。人生道路上，通过"努力学习，得到相当的知识和技能"，才能"存活"；"站得住脚"了，才真有"本钱""进入社会"追求"自由"，这是"人"的境界；放下了，解脱了，就可以得到"自在"，这是"神""仙"或"佛"的境界（请参阅《佛光山的星巴克——〈道德经〉的启示》3-1 高雄：佛光山的星巴克）。金庸"慧眼"，果断将《明报》托付给于品海，由"放下"带来"解脱"，终得"逍遥自在"，他说，因此觉得自己"幸运，真要感谢上天的眷顾"。

天有不测风云。1994 年，《香港经济日报》报道，于品海 1979 年在加拿大读书期间曾因犯案而服刑。虽然案底后来被加拿大政府撤销，但事件影响了《明报》的声誉及形象。后来，于品海出现了一连串的投资失误，被迫出售他在《明报》的股份。

金庸的第四个理想是，《明报》在于品海先生的领导下，"能长期存在，继续发展，对大众作出贡献"。他希望于品海"总可以主持（《明报》）三十几年"，但是这个理想没有实现。金庸后来说，他"原谅"了于品海。

老马识途。金庸离开《明报》时，曾写道："我家里挂着一幅从浙江老家带出来的对联，是我祖先查升（康熙皇帝的文学侍从之臣、书法家）写的：'竹里坐消无事福，花间补读未完书。'我过去常常向往能得此境界。新闻工作者日夜辛劳，即使在休息之日也不免事事关心。我从 1946 年起，做了四十六年新闻工作，总盼望能卸下重担。今日闲居……大感愉悦。"**千秋大业一壶茶，闲居喝茶，补读未完书，确实无限愉悦。**

买票上车，**到站下车是天意。**下车以后，已经"解脱"，列车离去，可以看一眼，但后面的事与己无关。**"放下"与"逍遥"是天道。**"你走你的阳关道，我走我的独木桥"，**安分守己，不越雷池，方得善终。**所以，老子说**"功成身退，天之道也"**（功成名就之后，主动退下，这是符合天道的做法）（《道德经》第九章）。

天意无人可以拒绝，天道无人可以抵挡。虽说人生如戏，纵使金庸"笔走龙蛇"，能掌握无数侠客英雄的悲欢离合，但怎么也写不出第四个理想的实现。

金庸是智者，放下，自在，自得。

2017 年 6 月 6 日

请参阅：傅国涌（2003），《金庸传》，北京十月文艺出版社。

4-9　李小龙要钱,叶问要命?

李小龙活了 33 岁(1940—1973),他的师父叶问活了 79 岁(1893—1972)。为什么?

这让我想起老子说的话:"**勇而敢则杀,勇而不敢则活**"(《道德经》第七十三章)(勇敢到奋不顾身会找死,勇敢并小心谨慎就可以活)。

"**勇**"是李小龙与叶问的共同点。李小龙生于旧金山,长于香港,自幼不喜欢上学,但喜欢演戏,痴迷武术并爱打街头架。叶问生于广东南海,1949 年来香港,开班教授咏春拳。1954 年,李小龙拜叶问为师,为后来攀上武艺高峰打下了基础。

"**勇而敢**"或可用来描述李小龙,"**勇而不敢**"或可用来形容叶问。

李小龙于 1961 年在西雅图入读华盛顿大学。他喜爱哲学,参悟哲学精髓,甚具见地,在公开场合经常标榜自己是"读哲学的"。上大学期间,他继续钻研武术,办武馆授徒,还参与拍摄武打电视剧,开始在影视圈与武术界崭露头角。他反思传统武术套路,提出"**以无法为有法,以无限为有限**"的武术哲学。他以道学与禅学为哲学基础,以咏春拳为技术骨干,创立了一种新型的"**既没有固定技术动作,也没有套路形式**"的自由搏击术。1967 年,李小龙将其发明的武术命名为"**截拳道**",意寓用极快速且有爆发力的攻势压制对手,"截击"对手来拳之道。

罗振光在《李小龙思想解码》(罗振光,香港彼岸文化有限公司 2000 年版)一书中,谈到李小龙有一次用禅理作比喻,向《黑带》杂志记者 Maxwell Pollard 解释截拳道的"简明":"最佳的例子是借助禅学。在我接触(禅学)这门艺术之前,一拳就是一拳,一脚就是一脚;当我学习了这门艺术之后,一拳不再是一拳,一脚不再是一脚;现在我参透了这门艺术,一拳仍然是一拳,一脚仍然是一脚。"这段话,或许第一部分是"看山是山",第二部分是"看山不是山",第三部分是"看山还是山"。

话到此处,李小龙突然将一个钱包扔向 Pollard,Pollard 本能地接住了。李小龙说:"这就是直接,你的所有动作都是自然反应,毫不浪费时间。你只是伸手将钱包接住,而没有下蹲、装腔作势、扎马步或做一些传统的准备动作,否则你接不住。"他说:"这个最高境界是'空'。""空"应该就是"**无招胜有招**"的意思。

李小龙相信拍武打电影能使他致富。参观李小龙基金会与香港文化博物馆联合举办的"武艺人生——李小龙"专题展览时,我看到一张 1969 年李小龙给自己定下目标的复制本——"My Definite Chief Goal"(我的明确目标):"I, Bruce Lee, will be the first highest paid Oriental super star in the United States. In return I will give the most exciting performances and render the best of quality in the capacity of an actor. Starting 1970 I will achieve world fame and from then onward till the end of 1980 I will have in my possession $ 10 000 000. I will live the way I please and achieve inner harmony and happiness."（我，李小龙，将成为首位在美国片酬最高的超级东方（武打电影）巨星。为此，我会展现出最精彩的表演。从 1970 年开始，我将会在世界上赢得声誉。到 1980 年，我将会拥有 1 000 万美元的财富。我将过上自己喜欢的生活，内心平和、幸福。）

李小龙给自己定下极高的表演标准。他说："演员是一个专心致志的人。他具备敬业精神，拼命地工作，这令他拥有超常的理解力，使他能够成为一个杰出的自我表达艺术家。无论从体力上、心理上，还是精神上都能够打动观众。"

为了达成目标，实现自我，1970 年，李小龙回香港拍电影。首次拍摄的《唐山大兄》便创造了香港开埠以来的电影票房纪录。李小龙确实"拼命"，在片中凌空连环三脚高踢，用的是"真功夫"。随后拍的《精武门》和《猛龙过江》等影片，也都被公认为武打电影史上的巅峰之作，再创票房纪录。很快，李小龙的武术造诣与明星风采就蜚声中外。

相比之下，**叶问不求名利，也不高调**，生前从来不提过去在内地的经历，甚至对自己的孩子也不提。教拳之外，他喜欢与弟子或好友们在茶楼饮茶，还喜欢看斗蟋蟀。1970 年，他与弟子们注册非营利组织叶问国术总会。至今，在总会的网站上还能看到当年建会的目的："团结同门及合法推广教授咏春拳，发扬传统功夫文化。"

李小龙相信阴阳之道，认为以柔克刚是最高境界，习武之人必须"保持空灵之心，无形，无法，就像水一样"。但在实践中，他拍电影时，却将体力和精力都逼到极限。1973 年 5 月，李小龙在片场拍戏，突然陷入昏迷而被送往医院。1973 年 7 月 20 日，他在九龙塘笔架山道 67 号碧华阁台湾女星丁佩的家中猝逝，医学死因是药物过敏。

叶问活到"天年"，1972 年于居所九龙旺角通菜街怡辉大厦安然辞世。

李小龙早已扬名于世，可我一无所知。1982 年我去美国留学时，同学们个个都看过李小龙的电影，兴奋地谈论，可我却接不上话，因为我没看过他的电影。叶问的名字我也是到香港以后才听说的。回想起来，惭愧得很。

到香港任教后，我每次去尖沙咀星光大道，醒目的李小龙铜像仿佛都在提醒我，这是他成长和成名的地方。为了"补课"，我专程分别到李小龙与叶问去世的大楼外"仰望"。这两栋楼离我工作的香港城市大学都不远，走路就能到。碧华阁那一带是清静的豪宅区，怡辉大厦则处于闹市。**小隐隐于野，中隐隐于市，大隐隐于朝。**

李小龙求武道，精武术；叶问重武德，法自然。李小龙的名字和中国武术画上等号，数十年来声威不减。我的一位已经退休的香港城市大学的同事，当年亦是叶问的学生，也是李小龙的师弟，每谈起李小龙，便惋惜他英年早逝。叶问在香港把咏春拳发扬光大，武德人品堪称楷模。**后人尊称叶问为一代武术宗师。**

传奇与宗师，星光闪耀。令我思考以下问题，欢迎读者们与我讨论：**李小龙要成功，叶问要不败？李小龙要钱，叶问要命？哲学有何价值与用处？懂哲学但不慎用，后果会怎样？**

2017 年 4 月 5 日

特别感谢：王英、赵子洲、王毅

4-10 自古以来,英雄难过美酒关?

"滚滚长江东逝水,浪花淘尽英雄。是非成败转头空。青山依旧在,几度夕阳红。白发渔樵江渚上,惯看秋月春风。一壶浊酒喜相逢……"这是明代文学家杨慎所作的词,后来成为《三国演义》的卷首词。

几年前访问阆中以后,我禁不住猜测:"词中的'英雄'是指张飞吗?"

阆中是四川盆地东北部的一块风水宝地,两千多年前就已建城。城周围绵绵青山,形似高门,故名阆山;长江上游嘉陵江缓缓流经,这段江古称阆水;古城被包围在阆山和阆水之中,因而取名阆中。这里空气清新,环境优美,物产丰富,适宜生活。

张飞是三国时期蜀汉名将,与刘备、关羽结拜为兄弟。蜀国攻取四川后,刘备派张飞镇守阆中。**张飞保境安民,发展农桑,深受爱戴,是阆中的守护神**。他不过镇守此处七年,但一千多年过后仍是古城的"金字招牌"。

阆中的大街小巷,小吃店卖张飞豆干,礼品店售张飞牛肉干,旗幡印着各式张飞脸谱,景点摆着大小张飞塑像。**张飞留下的不只是"气场",他的"存在"既"真"且"实"**。即使随性游走,你也会遇到一个又一个正在巡街的张飞"真人"——"豹头环眼,燕颔虎须","丈八蛇矛"不离手。以前只在小说和电影里出现的英雄,竟就在我们身边!游人们争先恐后地和他们合影,我当然也不例外。与"张飞"们合影以后,我很兴奋。

阆中是张飞的福地,不料也是他杀身埋骨之处。

张飞怎么会在自己的"地盘"上死于非命?

这要从张飞爱喝酒说起。

酒可成事。张郃与张飞在宕渠寨对阵时,张郃坚守不出,相持五十余日。张飞每日"饮至大醉,坐于山前辱骂",还"坐于帐下饮酒,令二小卒于面前相扑为戏"。张郃见状,终于动摇,乘夜劫营,却被张飞抄了后路。原来,张飞"饮酒是计,只要诱张郃下山"(《三国演义》第七十回)。

酒可闯祸。张飞守徐州时,一日宴请官员,要大家满饮。曹豹说:"我从天戒,不饮酒。"张飞说:"厮杀汉如何不饮酒?我要你吃一盏。"曹豹只得饮了一杯。张飞连饮了几十杯，已经大醉，却又起身，与众官把盏。曹豹说："某实不能饮矣。"张飞问："你恰才吃了，如今为何推却？"曹豹再三不饮。张飞发怒："你违我将令，该打一百！"曹豹告求说："看我女婿之面，且恕我罢。"张飞问道："你女婿是谁？"曹豹说："吕布。"张飞大怒："我本不欲打你。你把吕布来唬我，我偏要打你！我打你，便是打吕布！"曹豹被打了五十鞭，众人苦苦告饶，张飞方止。

结果引起吕布夜袭徐州，将刘备托张飞照管的家小全擒。张飞酒醒之后，无法交代，拔剑欲自刎，幸亏被刘备拦下（《三国演义》第十四、十五回）。

刘备经常点拨张飞，要他少喝酒。可是，张飞当刘备的劝诫为耳旁风，虚心接受，坚决不改。

酒可致命。几年后，关羽大意失荆州，败走麦城，被东吴杀害。张飞"旦夕号泣，血湿衣襟。诸将以酒劝解，酒醉怒气愈加。帐上帐下，但有犯者即鞭挞之；多有鞭死者。"刘备发誓为二弟报仇，命张飞火速赶到江州（今天的重庆）会合，讨伐吴国。张飞接令后，命部下三天之内置办白旗白甲，挂孝伐吴。

阆中城里的汉桓侯祠（俗称张飞庙）有张飞墓，是古城必看的景点。在这里，可以听到张飞被杀的详细介绍。导游讲，帐下末将范强和张达两人将张飞的命令听成百旗百甲，便报告张飞，三天之内肯定无法做好，请求宽限。张飞将两人"各鞭背五十""打得二人满口出血"。张飞还威胁说：如果做不完，"即杀汝二人示众！"

两人心想，与其被杀，不如杀他。于是，当夜趁黑，摸进张飞帐中，乘张飞酒醉熟睡之际，割下头颅，投奔东吴。他们乘船顺江东下时，听说吴国和蜀国在议和。惊慌之中，他们把张飞的头颅抛入江中。

张飞的头颅被一个渔翁从江中打捞上来，葬在云阳凤凰山下（《三国演义》第六十一回）。

因此，阆中的张飞庙里埋的是张飞的无头之躯。

张飞死时，只有五十五岁，至今仍然"**头在云阳，身在阆中**"。赫赫忠武之将，身首竟分离，令人伤感。

老子说："**重为轻根，静为躁君……轻则失根，躁则失君**"（重与静为轻与躁之本。稳重和冷静则自治，轻举和妄动则失去一切）（《道德经》第二十六章）。

酒像水一样，本身无罪，既可载舟，亦能覆舟。张飞乃英雄，好酒无可厚非，可惜他"不恤小人""暴而无恩"，最终没在战场上马革裹尸，却死于自己的"左右手"。可悲，可叹。

本文开头引用杨慎的词，还未引用完的一句是："**古今多少事，都付笑谈中！**"

各位看官注意了，这"笑"，可以是"苦笑"。

美酒可以是"苦酒"，更可以是"毒酒"。

2016 年 11 月 6 日

特别感谢：谢庆红，付晓蓉，李永强

4-11 鬼才蒲松龄：
道听途说，游山玩水，装神弄鬼

蒲松龄（1640—1715），山东淄川（今属淄博）人，清代文学家。**蒲松龄喜欢"游""学"，善于"道听途说"（"求"与"学"），乐于"游山玩水"（"游"与"记"），终成为一个长于"装神弄鬼"的小说家。**他的代表作是《聊斋志异》，书中有短篇小说500篇左右。我听过、读过一小部分。

儿时，我还分不清故事与真人真事的"边"与"界"时，听《聊斋志异》的鬼故事总是又怕又爱。印象最深的是《画皮》。故事里的王生，透过窗户偷看到一个长着翠绿脸、锯形牙齿的女鬼。鬼把人皮铺在床上，用彩笔在上面绘画，画完了，披在身上。后来，鬼剥开王生的胸腔，把他的心脏挖了出来。

故事阴森恐怖，听起来毛骨悚然。这明显是个"恶"鬼。听完后，我怕到"半死"，生怕"活见鬼"，怕"见"到"鬼"后"活不成"。结果白天不敢开门，开门后不敢看门后；夜里不敢下床，下床后不敢上厕所。虽然怕，却仍然爱听。因为，鬼属于另一个世界，充满未知与新奇。而且，故事情节紧张、刺激，环环相扣，有一种魔力，听起来"好玩"。

还好，我后来长大了，不再怕鬼。但想起蒲松龄写的"奇谈"，忍不住发点"怪论"。不吐不快！

善于道听途说（"学"）。 经过"查证"，"聊斋"是蒲松龄的书屋名称。聊斋，即"聊天的书屋"；"志异"指"记述奇异的故事"。为了创作《聊斋志异》，蒲松龄经常请人到自己的书斋里喝茶、闲谈，将听到的有用"材料"积累下来，作为小说素材。小说写出来后，我猜他还会请这些人回来，对故事"品头论足"，以便修改。这就像餐馆厨师到菜市场上寻食材一样，看到喜欢的，买回去，"添油加醋"加些"佐料"，或是"乔装打扮"上点"颜色"，做成菜肴后，通过请人品尝或者听取顾客意见，做出改进。**蒲松龄长期生活在乡间，善于聆听乡亲们的想法，熟知"下里巴人"的故事，从他们那里吸收了不少养分。**不然，他怎能写出那么多深受坊间百姓欢迎的作品呢？

乐于游山玩水（"游"）。 蒲松龄对青岛情有独钟，曾两次游览崂山，并在太清宫、上清宫等庙宇暂住过。结果，他以崂山一带流传的传说为题，写了多篇小说。《香玉》是其中一篇。我到太清宫游览时，在三官殿的院中看到一颗树龄约六百年的山茶树，一块石碑立于树前，上面刻着"绛雪"二字。导游介绍说，**蒲松龄寓居于太清宫的时候，终日与牡丹、山茶相对，遂构思出《香玉》的故事。**

《香玉》是《聊斋志异》描写爱情题材中最感人的篇章之一。这则故事写一黄姓书生，在太清宫附近读书，与白牡丹花仙（"花妖"）香玉恋爱，日日相会。红山茶花仙"绛雪"是两人真挚爱情的见证人。白牡丹树后来被人挖走，香玉因而失踪，黄生终日啼哭，凭吊时遇绛雪，绛雪被黄生感动，让香玉"复降宫中"，与他团圆。黄生死后变成白牡丹树下的一株赤芽，无意中被小道士砍掉，白牡丹树和山茶树便相继死去。据说，如今在三官殿内看到的"绛雪"，并不是蒲松龄看到的那一株，而是另一株同样有着几百年树龄的山茶树。

长于装神弄鬼。《聊斋志异》许多篇目的最后一段以"异史氏"的名义写几句评论。异史氏是蒲松龄在《聊斋志异》中的自称。《香玉》结尾部分，异史氏曰："情之结者，鬼神可通。花以鬼从，而人以魂寄，非其结于情者深耶？一去而两殉之，即非坚贞，亦为情死矣。人不能贞，亦其情之不笃耳。"（人的情感深厚至极点，可以与鬼神感通。花死为鬼，仍然相从；人死化魂，附在花侧，这不正是情感深厚的结果吗？黄生化生的赤芽被砍，白牡丹和山茶花相继殉情而死，这即使不是坚贞，也算钟情啊。人若不能坚贞，实在是因为感情不够深笃。）

蒲松龄笔下的鬼怪，有好有坏，好的鬼怪甚至比人还善良，还具有凡人没有的"法力"，可以"解决"现实生活中解决不了的问题。他的鬼怪故事暴露和鞭挞世间的丑恶，宣扬因果报应，看后引人深思。《聊斋志异》用这种"异史氏曰"的方式，或是模仿司马迁《史记》中的"太史公曰"，于篇末表达自己的观点。《聊斋志异》文笔佳，用语简练，思想性强，"写"的"鬼"栩栩如生，"画"的"景"传神逼真。**用蒲松龄自己的话说，是力求做到"传水之神、石之色、山之面目"**（《逸老园记》）。

蒲松龄不愧为一代"鬼才"。我们知道，"天才"是按照常理解决问题，但解决得比所有人都好的人；而"鬼才"是在解决问题时，不仅能够找到异于常理的方法，而且问题解决的效果还比所有人都要好的人。听说，鬼才的"能量"一旦爆发出来，能翻江倒海、翻天覆地，但也可以令人哭笑不得。

《聊斋志异》之后的文言小说，都不如《聊斋志异》。如今已很少有人写文言文小说，《聊斋志异》可以说是超越不了的顶峰。所以，说蒲松龄是个**"迎之不见其首，随之不见其尾"**（迎着它，看不见他的面貌；跟着它，看不见他的背影）（《道德经》第十四章）的小说鬼才，是合适的。

很快要讲堂品牌创意课，就讲蒲松龄吧！

2016 年 11 月 10 日

特别感谢：张音

4-12　闭门画花，走马看花，下马观花

闭门画花，不如走马看花；走马看花，不如下马观花。

表面上看，这个说法是提醒画花之人，如果想创作好作品，就不能面隅独坐、凭空想象，而应该深入实践、细致观察。

不论是闭门画花，还是闭门造车，问题都出在"闭"，"闭"而不见。

因此，艺术家必须"走出去"，"走马""看"不够，还要"下马""观"。马走时看，是动中看，远看，泛泛看，浮光掠影，虽"看见"，但无法深入；下了马，才可能静观，近观，细细观，可"洞见"，洞察秋毫，成竹在胸。可见，"观"优于"看"。泛泛地注视，草草地看过，往往遗漏细节。"观"带有研究性，首先是**观察**，"察言观色"，研究细节和关键，分出优劣；"观"更是**考察**，耐下性子，考其始末，察其表里，切磋琢磨，既可发现"来龙"，也可把握"去脉"；更甚者，不仅"观赏"，还"观照"，如《心经》之"观自在"，如《易经》之"仰则观象于天，俯则观法于地"。凝神睇观，万象尽纳于心，"本来面目现前"。

说起画花，想到王冕；说起画马，想到徐悲鸿。一个画花既"真"亦"实"，一个画马栩栩如生。两人都深得绘画**三昧**（佛教用语，指修行者之心定于一处而不散乱，引申义是明白事物的诀窍或精义），因深谙"观"之道，从"看""见""形"（与"精"接近），到"观""察""色"，再到"画"出"气""象"和"神""韵"。

我在小学课本上，读过王冕的故事。穷放牛娃王冕，某天在湖边放牛，忽逢大雨。雨过天晴，湖里的荷花比平时更娇艳，晶莹的水珠在碧绿的荷叶上翻滚。王冕看得出了神，于是开始照着湖里的荷花写生。最初画得不像，可是他不灰心，一张一张画下去，一遍一遍细细琢磨。到后来，他画的荷花，简直可以乱真，如水中芙蕖跃然纸上。王冕先有"看得出了神"的体验，才有后来"下笔如有神"的画功。请注意，这里的关键是王冕"看得出了神"，这"出神"应该是"观"到全然忘我，与荷花"合而为一"。

徐悲鸿以画马闻名于世。2014年3月，徐悲鸿的遗孀廖静文接受《成都商报》采访时说，**徐悲鸿马画得好，有三个关键。一是"精研其结构"**。他在巴黎学画时，学校

的解剖课由世界著名的动物学家教授，这使他对马的每根骨头、每块肌肉的形态以及伸缩变化的规律有了精深的了解和精准的把握。**二是"细审其神情"**。1940年，他到印度旅行，得以乘好马，长途跋涉，直至克什米尔、大吉岭等地。终日与马相处，使他对马"喜怒哀乐"的观察细致入微。后来，他笔下的马腿比其他画家所画的都要长，但看起来妙不可言。**三是勤奋**。徐悲鸿一生，单是马的速写就不下千幅，心摹手追，终于对马的形象了然于胸，从而创作出奇妙、独特、动人的骏马形象。我想，**这三个关键可以概括为"形""神""勤"。**

这里或许应该提一下"走马看花"这句成语。唐朝人孟郊，年轻时，几试进士不第，四十六岁那年，终于考中。梦想实现了，孟郊十分激动。他换上新装，骑马在京城尽情游玩。成功使他兴奋，美景使他赞叹，玩得兴起，诗兴大发，吟出千古传唱的名句："春风得意马蹄疾，一日看尽长安花。"大意是：我像春风一样兴致勃勃，连我的马儿也跑得飞快，才一天的功夫，我就把长安城的美景都看遍了。这两句诗后来被演绎为成语**走马看花**，现在用来形容**只看事情的表面而没有深入了解**。

孟郊走马看花是因为有了"本钱"，但现在许多年轻人，太急于求成。年轻人一定要避免"闭门画花"，**应该沉下心来"下马观花"**，脚踏实地，下苦功，才可能如愿。王冕的荷花和徐悲鸿的马，均来自生活，又高于生活。他们做事的精神和方法值得我们学习。

老子说："言甚易知，甚易行。天下莫能知，莫能行"（话很容易理解，也很容易施行。但是天下竟没有几个人能理解，实行的人还要更少）（《道德经》第七十章）。真是知易行难。让我们共勉。

2016年10月16日

4-13 木兰不是传说

幼时,多次听大人讲起花木兰代父从军的故事,还看过关于她的连环画。稍大些,读过《木兰辞》,也看过电影《红色娘子军》。记得电影的主题歌里有这么一句歌词:"古有花木兰,替父去从军。"这些印象,无比深刻。**花木兰一直是我心中"活生生"的一位古代巾帼英雄。**

我这些根深蒂固的认知,近年受到"挑战"。有报道称,中国有好几个称为花木兰故里的地方。它们分属不同的省份,都已开发成旅游区。**如果花木兰真有其人,怎么会出生在好几个地方?** 简直不可思议!

湖北武汉郊区黄陂的木兰山,是这些"花木兰故里"当中的一个,宣称存有木兰遗迹。2017年秋天,某个周六,我和同事、学生一行11人,特地去木兰山游学,希望能探出些究竟(见本书彩插图片52)。

木兰山有1 500多年的历史,是座佛道两教同处的宗教名山。后来,由于花木兰出生其地,而改名木兰山。从半山的木兰胜景广场向海拔580多米的山顶方向望去,山上古建筑物林立,十分壮观。导游小张介绍说,木兰山的佛道两教以南天门为分界线,以下是佛教建筑,以上是道教建筑。山顶附近的玉皇阁相传是木兰将军凯旋归故里后,朝廷赐冠之处。

我们沿山而上。始建于唐代的木兰殿引起大家浓厚的兴趣,尤其是殿中的三尊木兰塑像。她们栩栩如生,分别代表三个阶段的花木兰形象——从军前素雅的织布姑娘,初入伍的英勇士兵,凯旋后的威武大将。

在玉皇阁旁边,有一块斜斜向上生出的断石,长数米,形似龙尾,被称为龙尾石。小张向我们介绍了该石的渊源,说是木兰将军与一条恶龙战得天昏地黑,难分胜负。三天三夜之后,恶龙惨败,其首被木兰将军斩断,仅剩其尾,化作如今的龙尾石。我们齐称:木兰将军,果然厉害!

从山顶向下环视,青山绿水,风光秀丽。小张说,木兰小时候在这里习武,从军归来后,又一直生活于此。山水之间,到处都留下了她的足迹。山下一处白色建筑群,便是木兰山村。

木兰山村是木兰山景区管理处所在地，住着200来户人家。我们漫步时，看到了将军长廊，还欣赏了小桥流水。横跨小溪的石坝上，有位钓鱼人，闲适地坐在一小凳上。我们停步观望的几分钟内，他已从碧流中钓起两尾鱼。我们的午餐，就定于木兰村的一家"农家乐"，小鱼和青菜都是本地出产，鱼鲜菜甜，我一边吃，一边想，当年木兰应该也吃过这种鱼和这种菜。山村空气清新，林深水美，民风纯朴。这不就是从古到今许多国人梦寐以求的远离名利场的好地方吗？难怪当年天子问木兰有什么要求时，木兰回答说，"愿驰千里足，送儿还故乡"（希望骑上千里马，回到故乡）（《木兰辞》）。

眼前美好的一切，使我几乎忘记了来这里游学的初衷。已知的木兰故里，都已存在了千百年，都有文史记载。它们都以真凭实据告诉世界，曾有木兰生于斯长于斯。古时，女子从军保家卫国，虽为个例，但也屡见不鲜。她们所行，合乎情理，切乎道义，得以百姓颂扬，文人传墨。时光悠悠，她们的故事越传越远，也慢慢地变成活在百姓心里的"神"。至于后来她们为什么都被称为"花木兰"了呢，可能永远是个谜。

与我同行的中南财经政法大学的青年教师冉雅璇说，木兰传奇流传千年的原因应该与中国人的阴阳思维有密切的关系。替父从军，女儿变将军，凯旋返乡，侍奉双亲。阴中有阳，从阴到阳，阳中有阴，又回到阴。老子说："万物负阴而抱阳，冲气以为和"（《道德经》第四十二章）。以男儿身上战场，忠在报效国家；以女儿身守家园，孝在侍奉父母。木兰做到了忠孝并举，家国双全。这其实体现的是一种中国精神，因此，木兰永远受中国人崇敬。

不由地，耳边又听到了《木兰辞》："雄兔脚扑朔，雌兔眼迷离；双兔傍地走，安能辨我是雄雌？"（如果抓住兔子的耳朵把它提起来，雄兔蹬脚，雌兔眯眼；可当两只兔子并排跑时，又有谁能分辨得出雌雄呢？）

2017年10月18日

特别感谢：冉雅璇，王新刚，段明贤，苏晨汀，肖风桢，陈全，张婷，肖皓文，江宏飞，贾煜

4-14 "蓝蓝的天空银河里,有只小白船"

我在福建沙县长大。夏夜,家里热得如蒸笼一般。父母经常在户外的空地上摆张矮竹床,有时我们整夜都待在那里。满天繁星时,我和妹妹爱问"十万个为什么":比如,星星为什么这么多?为什么有大有小?为什么有明有暗?为什么有疏有密?为什么颜色不同?为什么有时会眨眼?……月明星稀时,我们爱听神话故事,比如,嫦娥奔月,玉兔捣药,吴刚伐桂……爸爸妈妈一边讲,一边扇扇子纳凉驱蚊。我们依偎在他们身边,眼前渐渐模糊,不知不觉地进入了梦乡。天地有情,夜长梦香。现在想起来,温馨如故。犹记得当时爸妈教我们唱的童谣《小白船》:"**蓝蓝的天空银河里,有只小白船。船上有棵桂花树,白兔在游玩。桨儿桨儿看不见,船上也没帆。飘呀飘呀,飘向西天。**……"

临近中国的朝鲜,夏天大概也像火炉吧!有个小男孩,长长的夏夜,他与家人有时也待在户外过夜。繁星夜,明月夜,他也爱问父母"十万个为什么",也爱听他们讲故事。有个故事说:月亮上的那棵大桂花树,无论吴刚怎么砍,总是马上就长回去,永远不倒,永远高大。

一个夜里,小男孩困了,朦胧间,银河里突然出现了一只小白船。他很惊讶,用尽全身力气,想看清小船到底从哪里来。可是,他太困了,怎么也睁不开眼。这时,一件不可思议的事发生了:桂花树和白兔,不知怎么都到了小船上。紧接着,他看见了一件更不可思议的事:没桨,没帆,没人,没风,小船开始在银河里飘荡。他眼皮一直动,眼球转个不停。等到半夜再看时,小船已经飘到了西天。

第二天清晨,小孩一睁开眼,就迫不及待地摇醒全家人,将夜里看到的怪事一五一十地讲给大家听。大家将信将疑。他们都知道月亮上的大阴影,是一棵桂花树;如果眯起双眼,还会注意到,树边有隐隐约约的小阴影,那是一只玉兔。可是,从没看见过银河里有船呀!

小男孩叫尹克荣(1903—1988)。岁月流逝,他长大了,但儿时那夜见到的情景,常常萦回脑际,每每想起,仍觉得奇妙。21岁那年,他将梦中所见写成了一首叫《半月》的歌谣。1950年,这首儿歌被翻译成中文,取名《小白船》,很快就在中国流传开来。1959年，我上小学时，这是班上每个孩子都已经会唱的歌。

尹克荣**观察力"敏""锐"**：银河与无桨无帆的小白船，都是一色纯白，船又那么小，他是怎么看见的呢？

他的**想象力"奇""特"**：繁星夜，只见银河，不见月亮；月明夜，星星稀疏，银河暗淡。他如何同时能看到繁星夜的银河以及月明夜的桂花树和玉兔呢？

如果在仲夏夜，天高气清时抬头仰望，银河像一条白茫茫的亮带，当中有无数闪闪发光的星星，美丽而又壮观。夜越深，银河似乎越发明亮。到底是哪一位大力士，偷偷挖出月亮上那棵高大的桂花树，将它搬到银河里那只神秘的小白船上？此情此景，恐怕只能是梦境吧！

他的**创造力"非""凡"**。《小白船》歌词的画面感很强，曲调优美，三拍子的韵律欢快而又平稳，节奏像波浪一样，歌曲结尾部分，在唱第一个"飘"字时把旋律推向高潮，随后又用两个"飘"字，渐渐复归宁静安谧。

银河唤起灵感，月亮带来创作冲动。《小白船》构思有趣，情节夸张却又不离奇；颠覆现实，场面逼真却又不"失真"。短短的歌词，把小朋友们带入浩瀚夜空中那个玄幻的童话世界里，那般神奇，那般美妙，哪个小朋友会不喜？不爱？

我从小就对《小白船》歌中描述的神奇景象深信不疑。现在"奔七"了，还时常想去繁星夜看银河、明月夜找玉兔，幻想哪一夜在睡梦中，乘上那轻盈的小白船，在银河里随心所欲地飘荡一回。这是老子说的**"常德不离，复归于婴儿"**（不离天性，复归到婴儿般的纯真）（《道德经》第二十八章）吧！

不久前，中秋夜，在我居住小区的空地上，许多小朋友嬉笑追逐，像小泥鳅似的，从大人的间隙中钻来钻去。在人群中漫步的我，对着天上的明月，童心未泯，不知不觉地哼起了《小白船》。哼毕，不过瘾，又小声唱了一遍。唱毕，还不过瘾，又提高声音唱了一遍。这样三遍之后，终于心满意足。刹那间，我有了新"发现"——不对，只能说是"猜测"——还是不对，只是"猜"没有"测"：我猜出了尹克荣是如何"创造"出这首歌的。

尹克荣**梦想成真，从"梦见"到"梦想"到"成真"**。"梦"人人有，但他"梦见"了别人看不到的"奇景""奇事"，这是**观察力**；"想"人人会，但他的"梦想"是"奇思妙想"，而且是"奇妙"到不可"思""议"，这是**想象力**；更难能可贵的是，他的梦想还能"成真"，将梦中所见所想变成了一首孩子们喜闻乐见的歌曲。这是**创造力**。

我想，各行各业应该都一样。有些人能"梦到"（浅层），更有甚者能"梦想"（深层），再进一步者能"成真"（表里皆具）。真是一步一惊喜啊！

2013年，首尔将尹克荣故居选定为"未来遗产"的试点项目。下次去首尔，一定得找时间去看看，"拜访"这位传奇的儿童歌曲创作先驱。

2016年10月2日

4-15 香港城市大学羽毛球队的不败之谜

香港城市大学（以下简称"城大"）羽毛球队在周日光教练带领下，自1995年起至2018年，男队几乎每年都夺得香港大专体育协会羽毛球比赛团体冠军（见本书彩插图片71）（只有2009年一次"失手"），女队自1994年起至今，共夺得12次团体冠军。

城大"称霸"香港大专羽毛球坛，外人可能误以为，周教练一定是位不苟言笑、对球员要求非常严格的"魔鬼教练"。我在城大工作时，是校越野长跑队名誉领队，每年校体育部活动时总能见到他，平日与他接触也不少，见他脸上总带着一份笑容。我问周教练：什么是城大羽毛球队的不败之谜？

周教练回答说："**团队精神是制胜之道**。我们的成绩是多年来球员、校友、领队、训练员共同努力的结果。一个队有一二十人，但参赛男女队员加在一起最多十个。如果不出场，就要练球。不这样，一支队伍好不起来。要令每一个队员都知道，无论练习还是比赛，我们都是一个团队。每个人都有职责，都要贡献。成事非教练一己之力或几个主力队员就可以，而是靠大家互相扶持，互相鼓励，**一个人都不能少**。"

周教练说，他曾经听过一个"白纸理论"：人生如同一张白纸，成就好像白纸上的其他颜色。为了给白纸绘上颜色，**必须坚持OPEN原则：做事要有"目标"（Objective）、有"计划"（Plan）、要"夯实基础"（Establishment of a strong foundation）并"永不放弃"（Never giving up）**。"**坚信自强不息，拒绝不劳而获。**"

周教练在教练工作中一直坚守OPEN原则。

有目标。每年比赛结束翌日，周教练就开始部署来年的训练，定下初步的目标。"我会在适当的时间和队员们商讨，一同订立目标，一起定期检讨。队员们有使命感，会更投入。我们所定下的目标，不只是奖项，还有技术和体能的改进、学业和个人修养的进步，等等，因为这些素质与打球相辅相成。**羽毛球是一种'思想'运动，我要队员们'带上脑子'出去'打拼'**。更重要的是，我要求队员们全面发展，让大家牢记，上大学是为了发展自己，羽毛球运动只是一部分。"周教练的话，体现了**城大体育部以学生全面发展为本的理念**。尽管城大给学生运动员的奖学金没有其他院校多，但因为名声在外，每年总能吸引优秀的高中生运动员入读。

有计划。周教练说："**胜利总是留给有准备的人**。计划要紧跟目标，也要灵活机动。带领球队，好像放纸鸢一样。纸鸢飞得高的时候，可以放松一些，快要掉下来的时候，就要收紧一些，这样球队才可以翱翔天际，独当一面。"他还说："计划要有针对性，在不同比赛中，会遇到不同类型和风格的对手。进攻型和防守型球手的打法并不相同；就算同是进攻型或防守型球手，打法也不一样。对手在变，我们应对的战术也要变。"

夯实基础。我虽然没看过羽毛球队的训练，但在写这篇随笔时，翻阅资料，找到了《香港城市大学运动代表队2005—2006年报》。那个学年，城大男队获得香港大专赛12连冠。年报里刊有学生记者周伟健和黄彦生写的一篇赛后报道，以及他们对周教练的采访。报道说：

周教练常将两句话挂在嘴边："比赛是练习的反映，练习是比赛的保证。""**练习并不是煮即食面，只有反复练习，才可能取得好成绩**。"周教练认为，运动员们练习，重点不在于强调高深的战术，而是要回到基本面。他说："**最基本的技术，就是最高深的技术。只要把最基本的技术练纯熟，最高深的技术和战术就自然'出来了'**。"他还说："万丈高楼平地起，比赛出成绩，非有牢固的根基不可。无论打球、读书、做事，良好的基础都是最重要的。"访谈中说到球队练习时，周教练收起了平日常见的笑容，斩钉截铁地说："平时可同我'风花雪月'，但在球场上，教练和球员的身份必须区别对待。**球场是练习的地方，球员踏进场地，唯一要做的就是专心练习，绝不容许'hea'（粤语音，意为浪费）时间**"。周教练继续说："训练除了要求数量，质量也是训练的重要元素。"如果队员缺席练习，周教练便会和他们沟通，也会尝试找其他队员协助了解问题所在，设法解决。他说："我做事有原则，队员们都知道，底线绝对不可逾越。"当一个队员的表现越过了'底线'、履劝无效，周教练只好请他离队。说到这里，周教练叹了叹气，表现得一脸无奈。

看了报道，我对**良师是严师**的意思有了新的理解。"有无相生"（《道德经》第二章），一点不假。

永不放弃。周教练对我说："**有危必有机，运动场上永不放弃**。""**胜利属于坚持到最后的人**。"他对队员们高要求，始于对自己的高要求。他说："如果我要求队员们准时到场练球，我自己就要不迟到；如果我要求队员们保持旺盛体能以应付比赛，我对自己的体能也要严要求。"难怪我经常看到他中午午休时间与魏开义教练等其他教练在校园空地上跑步。而且，周教练还多次参加全程42.195公里的马拉松赛。

在周教练办公室的柜子上，摆放着多年来羽毛球队获得的团体奖杯。周教练说："我们并不是为了获奖而参加比赛，而是为了体育运动的意义。奖杯只是美好回忆的一部分。"他告诉我，他最高兴的不是别人给他发"金牌教练"奖，而是看到学生站在领奖台上的最高处。我追问周教练是否觉得自己成功，他说："**我算不上成功的教练，只是一个有成绩的教练**。"

我们认识多年，周教练是个实在人，说的都是心里话。

2018年6月25日

特别感谢：周日光，周伟健，黄彦生

4-16　孩子开心，父母安心，企业放心

2016 年 10 月，香港工业总会国内事务委员会一个代表团去内地考察，汕头集友工艺玻璃工程有限公司的总经理李业发先生和我都是成员。业发曾是我在香港城市大学的 EMBA 学生。他提到，他们公司每天都组织员工做保健操。

他说，每天一上班，大家先用 15 分钟做操，然后才开始工作。我于是问道："这 15 分钟算在工作时间里吗？"他回答："算。"我非常好奇，接着问道："上班时间是工作时间，为什么一上班先做保健操？"他解释道："工艺玻璃制造属于重复性劳动，工作中员工需要保持高度专注，因此容易导致职业性劳损，出现腰酸背痛、肩颈僵硬等症状。因此我们组织大家一起拉筋伸展，弯腰踢腿，活动到大汗淋漓。上班时间做操确实花去不少时间，但是大家全身筋骨活动开了，更有活力。**做健身操是为员工的健康着想，他们的工作效率也因此提高了。**"

他继续说道："刚开始，员工普遍不理解，也不习惯。但慢慢地，大家发现做操其实是有一定效果的。相比之前，大家工作时身体更舒适，体质也更好了。再后来，只要一天不做操，便觉得浑身不舒服。因此，人人都**乐在其中**。诚然，运动**贵在坚持**。我们人多一起做，坚持便不是问题。这样一来，员工们下班回到家，腰不酸背不痛，与家里人相处自然更开心。"

我热爱运动，他提到的好处，我深有体会。我很高兴他这样做。**企业为员工着想，员工与企业双赢。**

集友公司不仅为员工着想，还**为员工的孩子们着想**。2017 年夏天，我在互联网上看到一篇关于集友的新闻报道。报道说，每逢暑假，专注工作的父母对如何照顾孩子十分忧虑。集友因此举办夏令营，夏令营的学堂，以"孝思"为主题，开设国学课，还为孩子们量身定制礼仪、环保、手工制作等课程。这不仅丰富了员工子女们的假期生活，还使他们有机会亲身体验父母的工作环境。

一位参加夏令营的孩子说："看到爸爸妈妈在这里是怎样工作的，我开始明白他们工作的辛苦。我想对爸爸妈妈说：'感谢你们为我的付出。我要学会生活自理，让你们

不再为我操心。'"家长们说，孩子们通过这些活动，学到了很多孝敬父母、礼仪礼貌、待人接物等方面的知识。**员工与子女团聚，减少了后顾之忧。**企业的整体凝聚力得到了提升。

业发长期在汕头，与香港的家人聚少离多，对事业与家庭难兼顾的苦涩深有体会。他说："我感觉，这不仅是我的问题，也是和我一起工作的工友们碰到的问题。因此，我萌生了在企业办夏令营、冬令营以及平时办小长假活动营的想法。每一期都有五六十个工友的孩子参加。"

我问业发："为孩子们办活动要场地，教课要老师。这两个问题怎么解决？"他说："场地，我们设法从厂里腾出地方来；'老师'，都是员工。因为教的是自己的孩子，大家动力十足，备课也紧贴孩子们的需求。""上课岂不是要占用工作时间？"我又问。业发答道："不会的。'老师'们都会安排好时间，提前完成工作任务后才去上课。"

今年3月，一个偶然的机会，我与集友公司的一位员工谈起他们公司为员工子女办假期活动营的事。她说："员工们都很喜欢，因为孩子们学到了学校没教的知识，比如《弟子规》等。更重要的是，孩子们平日在学校，父母不需要过多地操心；但是到了假期，孩子们全天在校外，家长们不放心，可又顾不上。公司办假期活动营，我们很感激。"她还说："现在企业招人不容易。培养一个技工更不容易，要好几年的时间；好不容易培养起来，却还是只要一有机会就跳槽走人。但是，集友很少有人跳槽。"**留人不如留心。**公司这样做是明智的。

我问业发："为什么假期活动营国学课选教《弟子规》？"他回答说："**中国传统文化经典博大精深，蕴藏无穷智慧，是最养人心的。**《弟子规》中所讲的都是日常生活中的行为规范，切合生活，孩子及成年人都容易明白。在每天快乐学习的过程中，我们一点一滴地激发孩子们学到和做到'**守孝道，懂感恩，守规矩，明是非**'，希望孩子们能成为父母的骄傲，将来成为社会的栋梁。"

记得有一次，我跟业发聊天时，他说："很多员工是在他们年轻时、精力最旺盛的时候加入集友的，时间长的，已经工作了一二十年，**我感恩员工，应该为他们排忧解难。我们不光要建设和谐工厂，也希望助力员工们的家庭和谐。**"

老子说："**万物负阴而抱阳，充气以为和**"（《道德经》第四十二章）。企业与员工互为阴阳，集友想得深，也努力。每次见到业发，我总向他学习办企业的一些新思维、新做法。

办好企业真是一门大学问。

2018年7月12日

特别感谢：李业发

4-17　不求永生，但愿不败

清朝诗人赵翼写过两句脍炙人口的诗句："江山代有才人出，各领风骚数百年"（《论诗》）。中国改革开放以来，企业家作为时代弄潮儿，创建了一批"优秀"或"卓越"的品牌，当然也有些品牌"不怎么样"。"**市场时有品牌出，各领风骚三五年**"？

为什么大多数品牌迈不过从"**优秀**"到"**卓越**"这个坎，功败垂成？为什么有些品牌，看上去如日中天，转眼便轰然倒下？为什么只有少数品牌能够经久不衰，常青百年？或许我们可以用"**大象无形**"（最大的形象没有形迹）（《道德经》第四十一章）来解释品牌的跌宕起伏。

品牌由外在的"形"（有）和内在的"象"（无）构成，两者之间的关系处理不同，因此产生千奇百态的"宿命"。"优秀"（Good）或"大"（Big）品牌"形中有象"（"形"比"象"强），这样的品牌在每个行业都为数不少，叫**名牌**；"卓越"（Excellent）或"伟大"（Great）品牌"形""象"皆具，这样的品牌凤毛麟角，被尊为**王牌**；"大象无形"是个道的概念，无形无象，这样的"品牌"是"无冕之王"，是每个企业家的梦想，少之又少，记载中的范蠡算是一个。我曾在《要钱还是要命——〈道德经〉的启示》一书中感叹："王朝不过千年，老店难过百年！"

"做"品牌，究竟做什么？我想，应该是做"有无相生"（《道德经》第二章），虚实并举，"创造""价值"。"形"（短期形象/外在）会"消费"掉；"象"（长期印象/内在）才可能"留存"。**优秀品牌**注重"造""形/有"，买卖靠"友谊""结缘"，想在市场上漫天要"价"。它们"**战天斗地**"，"**争取**"市场份额（Market Share）与情份额（Mind Share）的"**成绩**"，常常"战"与"斗"到"**昏天黑地**"；**卓越品牌**则在"创""象/无"与"造""形/有"两方面兼而有之，买卖靠"口碑""交心"，虽讲"价"但更重"值"，它们"**顶天立地**"，"**赢得**"情份额与心份额（Heart Share）的"**成功**"。

擅长"造""形"的品牌一味求"大"，关注的是"事/数量/表面/平面"，成果主要在"地"的层次；而致力于"创""造""形""象"的品牌则追求"伟大"，在"事/数量/表面/平面"与"人/质量/内在/立体"两方面都努力"**不只最好，还要更好**"，成果跨越"天""地"。很显然,从"优秀"/"大"/"形"到"卓越"/"伟大"/"形""象"是个高坎。从"卓越"到"超越"则是一个更高的坎,得到的是宗教式的"灵魂份额"。此事难上加难。如能越过这个坎,"品牌"将在本领域中取得"至高无上"(Outstanding)的"成就",成为"神"或"仙",长期存在。"无冕之王""欢天喜地""大象无形"。

"事"可做大,但只有"人"才可能伟大。所以,品牌伟大,归根结底是人伟大。**人格伟大了,品牌才可能伟大!**借天时的品牌,可能获得一时的市场份额;求地利的品牌,可能还能获得短暂的情份额;只有讲良心、有人缘的品牌,才能长期拥有心份额,甚至灵魂份额。

品牌之路,向来不易。"自大"的品牌,自认优秀,其实只是碰上好运;真正优秀的品牌,就要追求卓越。优秀是突破重围(向前/地),"脱险"而活,貌似"强大";卓越是超越自己(向上/天),"脱颖"而出,志向"高远",做到"自强"。优秀品牌"靠""拼杀","臭脸""握拳""抢""队友","想""非凡",企图征服世界;卓越品牌"喜""相亲","笑脸""握手""交""朋友","做""平凡",善于改变自己。

在为学路上,我经常担心自己与学生们踏步于所谓的"优秀"或瞬间的"卓越",囿于一隅,结果"用心"地、一步步地迈向平庸,又从平庸沦落到掉队,片刻就被时代的洪流淘汰,从"瞬间"落至"永恒",鸣呼哀哉。唯有**心明卓越,才能不忘超越**。因此,我们多年以来,坚持"登山观海"。登山见巅峰,"白日依山尽";观海望彼岸,"黄河入海流";奋进超越中,"欲穷千里目,更上一层楼"。只要一步步"不败","优秀"便"可即","卓越"便"可望","超越"也并非"可望而不可即"。

何为"超越"?"到此已穷千里目,哪知才上一层楼。"

为学如是,做品牌亦然!

2018 年 7 月 15 日

说明:本文根据 2017 年 6 月 3 日我在香港城市大学商学院为 EMBA 项目做的荣休讲座以及 2017 年 11 月 25 日在深圳大学管理学院为 MBA 项目做的讲座的部分内容整理而成,讲座的题目都是"大象无形"。

4-18 人生不过"三历"：
学历、阅历和病历？

"踏破铁鞋无觅处，得来全不费工夫"（夏元鼎《绝句》）。多年前读这两句诗，我的理解是：这是一段人生经历的描述，前一句讲"山重水复疑无路"，后一句讲"柳暗花明又一村"（陆游《游山西村》），先"苦"后"乐"。这几年，每逢再读这两句诗，我都觉得它们是在隐喻"三段经历，一生遭遇"。其中的"苦""乐"，仁者见仁，智者见智。

何谓"三段经历"？学历、阅历和病历。这"三历"是个人生命"史"的重要组成。人生路走到最后，学历与阅历都"从有到无"，"有"是"曾经拥有"，"无"是"毫无意义"；而病历则"从无到有"，"无"是"无孔不入"，"有"是"一定会有"，只有极少数人例外。

三段经历之间有微妙的关联，不是"有无相生"（《道德经》第二章），而是"有无相减"。到底如何"加"与"减"，也是仁者见仁，智者见智。

何谓"一生遭遇"？"反者道之动"（向相反的方向转化，是"道"运动的规律）（《道德经》第十六章）！人的一生不正是"生、老、病、死"吗？有谁例外过？

一遭人生，全在"三历"？下面就"三历"谈些个人体悟，谨供各位参考：

学历。一年一度的高考，上个月刚举行。不少高中毕业生，为了庆祝"寒窗"苦读十二年熬到头，将课本、笔记本全都"抛到脑后"，有些人甚至把它们全烧了。但我相信，没有人会烧掉历经千辛万苦才"挣到"的高中毕业证书。**当今社会，没有文凭，寸步难行**，不然拿什么向潜在雇主证明你接受过什么"训练"、有什么"混饭"的"本钱"？但是，在求学历的道路上，十二年不过是"热身"罢了。如果你的志向，比如，是成为大学教师，后面继续熬年头读书的日子还多着呢！具体是多少不好说，再熬十年也不为过吧！我没有听说有人会烧掉历经千难万险才"拿下"的博士学位证书。对于大多数人而言，**"文凭是跨入社会的一块'敲门砖'"**。

文凭重要，确实不假，但**文凭绝非"护身符"**。熟悉我的人都知道，我青少年时期没有得过高中毕业文凭，也没有得过本科毕业文凭，但终究也找到了"饭碗"。反之，有文凭也不一定等同于"成功"。我去美国接受正规高等教育期间，听说过一个"70分现象"——大学毕业后，最"成功"的往往不是读书成绩最好的毕业生，而是平均成绩只是B甚至C的毕业生。当了几十年大学教师后，自己教过的学生，对社会贡献最大的、占比例最高的确实不是当年读书成绩最好的学生，而是在学生会或社团组织中最活跃的那批人。究其原因，读书是"事"，当学生会干事是"人""干事"。干事们从学生时代起，就不仅学会了如何"干事"，还学会了怎样"助人"，交了很多朋友。他们最懂得**"多一个朋友，多一条路"**的道理。上大学时"事"在"人"为，毕业后"心"想"事"成。

阅历。进入社会以后，方知社会才是人生的大学，学历只是阅历的一小部分。我以为，"有'阅历'"不是因为"吃过的盐比人家吃过的饭还多"，也不是"走过的桥比人家走过的路还多"，而是"**见多识广**"以后懂得善待他人。我的孩子们与她们的同学们，从小就生活在多元社会里，与来自世界各地、不同肤色的孩子们一起上学，一起长大；长大后，自然"**四望如一**"（一视同仁）。我去美国读书时，老师、同学和大学所在地的市民，都没有因为我是外国人而歧视我，让我更加明白要善待他人的道理。俗话说"人往高处走"，随着年龄的增加、境界的提升，一个人也会变得更加"懂事"。前辈思想家胡适（1891—1962）先生说过："我年纪越大，越觉得容忍比自由重要。"所以，**年龄是个宝，缺了不可少，不听老人言，吃亏在眼前**。

病历。学历与阅历在手，春风万里？很难说。**人生分阶段，学历与阅历可能要"想做就做"，唯独病历是"想来就来"**。我 1988 年去加拿大阿卡迪亚大学工作，1996 年 44 岁时正式离职，我的家庭医生将我那几年的病历档案复印一份，寄到香港城市大学医疗所。这份病历档案，记录寥寥无几，主要是血压读数和平均一年不到一次的小感冒等。

到香港后不久，我发现自己得了高血压。因为家族有高血压病史，我自然躲不掉。好在，现在每天只要记得吃药就没事。

保健身体，有两点很重要：管住嘴，迈开腿。**病从口入**。我 16 岁去农村插队，开始抽烟，但没有上瘾，大学毕业后戒了。插队第一年，一家好客的农民邀我去他们家里过春节，喝他们自制的米酒时，我醉到吐，从此我很少喝酒，再也没醉过，现在是"三种酒全不会"。抽烟伤肺，喝酒伤肝，抽烟喝酒过度一定伤心。我也不"贪嘴"，天下"美食"，浅尝辄止。

坚持锻炼，有助于保持健康。2003 年 10 月 26 日，我参加香港城市大学第十届"陆运会"教工男子组（不分年龄）5 000 米长跑比赛，得了第二名，成绩是 21′49.53″，徐慧龙先生得了第一名，成绩是 20′51.12″。那年我 51 岁，他 27 岁。慧龙曾是我的学生，1999 年从市场营销学系毕业，当时在香港城市大学当研究助理，我们每星期都一起跑几次步。因为喜欢跑步，我担任香港城市大学越野长跑队名誉领队多年，直到 2017 年从香港城市大学退休。2017 年，我 65 岁入职深圳大学，12 月 6 日，参加深圳大学 2017 年田径运动会，由于长跑只有 1 500 米项目，我报名参加教工男子乙组（40 岁以上，1977 年 1 月 1 日以前出生）1 500 米长跑比赛，八人参赛，我得了第八名，成绩是 9′39.25″，同组比赛的运动员没有比我年纪更大的。我跑步的速度已经慢了很多，但现在仍然积极参加运动，"不求有功，但求无过"。虽然是逆水行舟，不进则退，但有心还要有力，一定不能蛮干。

人生三历，学历不等于学识与修养，阅历能使人豁达，有益"心智""清醒"，或许能够"减轻"病历带来的"负担"。有些人学历高些，阅历广些；也有些人学历低些，阅历浅些，但有一天，大家的病历可能都不薄。**健康是宝，既得之，则爱之；疾病像草，若来之，则安之**。

我写过一篇题为"学到老，活到老"的短文（见本书 1-3 学到老，活到老），认为"**若能学到老，应能活到老**"。学习是件快乐的事，有助于提高我们的生活品质，让生命充满愉悦。我希望人们少叫我"教授"，而是用更亲近的"老师"来称呼我。我长得不胖，总叫我"教授"的话，会"越叫越'瘦'"。在深圳大学，不少大一学生称呼我为"周同学"。与年轻同学一起学习，让我似乎忘记了自己的年龄。

不在"心态"，重在"忘记"。

2018 年 7 月 17 日

4-19　请我吃大餐，不如跟我上山

6月的一个上午，和我关系很好的一个外系老师又一次约我吃午餐。之前，他约了我几次，但都没有找到双方都方便的日期。眼看6月底我就要从香港城市大学（以下简称"城大"）退休，这次他说："无论如何，你得给我个日期。"我问："明天下午，你有两个钟头时间吗？如果有，与其请我吃饭，还不如跟我上笔架山。"当天晚上，他打来电话说："'调'了一下，'整'出时间来了。"我们都很高兴。

笔架山是城大的"后山"，可惜多数城大人并不识途，这位老师就是其中一位。第二天，天气好，我们心情也好，他的体力不错，虽然不常行山，但跟得上我。出校园后不久，我们从龙驹道边拾阶而上，逐步远离嘈杂，空气亦渐变清新。放眼望去，满目翠绿，青山将我们纳入怀中，既舒心又惬意。我们一边走一边"瞎聊"，从"山南"扯到"地北"——"细数"了南边九龙的一幢幢高楼，"感叹"了北边新界的一座座山峰，又从"海阔"侃到"天高"——向下俯瞰了东边从柴湾驶向太平洋的一艘艘船只，向上遥望了西边从天空飞向大屿山香港国际机场的一架架飞机。

我熟悉笔架山，到了山顶附近的最佳观景点，便给他做了个从笔架山看香港龙脉与风水的"分析"（见《佛光山的星巴克——〈道德经〉的启示》，3-12 香港：龙脉与风水）。他听得入神，连声赞道："这确实是个好地方！"下山时，每到一个路口，他就停下拍照，说这样能记住路口的特征，以后可以带系里的同事和学生一起来登山。他还说，汗出了不少，头脑也清醒了不少，回办公室工作，效率一定会大大提高。

分别时，他不再提约饭的事。的确，两个小时在**一起游山玩水**，已经达到了小聚叙友情的目的，而且做法别致，"效果"或许好过吃饭。约好友吃饭，不就是为了联络感情吗？

中国人喜欢"聚"，许多人狭猾地将其理解为"聚餐"。但我却以为**可做更宽泛的理解**，不光是"**一起吃饭**"，还可以是"**一起流汗**"。"吃饭"是做加法，增加能量，"流汗"是做减法，可以减肥，一正一负，阴阳平衡，"**有无相生**"（《道德经》第二章）。

和朋友"聚餐"，一个问题是常常**"吃大餐"。坏就坏在这个"大"字，"吃"得太多了，"货"留在肚子里（从"大"到"太"），身形发生变化，还被人鄙夷为"油腻"**。怎么办？设法出一身大汗，以"大"治"大"；另一个问题是吃**"美食"，味道香却不易消化**，结果排泄出来的物体和气味都有一种特别的味道（这里不宜多说）。这是一种谁都不喜欢的"阴阳平衡"。怎么办？求助于另一种有益的"阴阳平衡"——**运动一阵，出一身臭汗，以"臭"治"臭"**。可惜，知易行难。环顾周围，到处可见因贪吃而体重超标的人，而"运动健身"往往只是一张无法兑现的空头支票。所以，我才强调"吃饭"不如"流汗"。

知识分子从事脑力劳动，累了睡得昏天暗地，还不一定能消除疲乏。运动反而提神，能起到"充电"的作用。**通过运动，可以"赚到"很多时间**。多年来，我喜欢在**下午工作效率下降时运动，一个钟头的运动可以带来晚上两个钟头精力充沛的工作。这是很容易就做到的事半功倍**。还有，你看我，几十年身形与体重都基本没有变化，1982年出国留学时穿的西装，到现在都还合身。你知道秘密在哪里了吧？！

我不想有些朋友看了这篇短文后，产生误解，不但不再约我吃饭，还一传十传百，从此再没人约我吃饭。民以食为天，我亦是民。因此，特此郑重声明，**我也"食烟火"，粗茶淡饭，山珍海味，天上飞的，地上长的，水里游的，来者不拒！你约我聚餐的话，我乐意加入，谁出钱都可以**。当然，如果我们可以上山（或做其他运动）、吃饭两不误，那大家就都将吃得更香、身体更棒！

2017 年 7 月 15 日

4-20　无心之过，有心之为

这是一个排行榜泛滥的时代。有些排行榜不仅指标体系不靠谱，而且排行方法离谱，缺乏公信力。当然也有争议性比较小的排行榜，比如经济学人智库（Economist Intelligence Unit）的**世界宜居城市排行榜**。该排行榜涵盖社会稳定性、医疗卫生、文化环境、教育和基础设施五大类指标，涉及三十多个定量定性因子。**最近三年（2015—2017），加拿大多伦多连续排名第四**。从1988年起，我去过多伦多多次，最近的一次是2017年7月底到8月下旬，探亲访友，走走看看，对这个城市的整体印象很好。

8月24日，风和日丽。闹市区的Spadina街上，车水马龙，人来人往。中午12点半左右，我站在一幢公寓楼外的街边等朋友。

突然，一只小虫从天而降，落在我鼻梁上。人这么多，无缘无故，这只小虫为什么选中了我？我挥了挥手，想赶它走。如果我事先知道，这是一只蜜蜂，我会忍住，等它飞走。因为它即刻就会发现，我的鼻子不是鲜花，无蜜可采。

蜜蜂以勤劳著称，可我对它又爱又怕。我曾住在加拿大新斯科舍省的五福镇，1993年9月10日下午，被黄蜂蛰了一下。一两分钟之内，就全身发热，呼吸急促。还好能挺住，走到邻居家门前敲门，请他把我送去附近医院的急诊室。不过几分钟，我们就到了急诊室，但我已经几乎说不出话来。医生让我躺到病床上，诊断之后，打了一针。过15分钟左右，医生叫我下床，说我可以回家了。医生告诉我，我刚才属于身体严重过敏，如果晚到15分钟，可能就会丧命。从那时起，无论遇到哪种蜂，我都不敢惹它们，并及时避开。

说时迟，那时快，我希望小虫快点离开，下意识地挥了挥手。没想到，这一挥手惹来了麻烦。我碰到了小虫，它应该也是下意识地在我鼻梁左边叮了一下。我立刻觉得鼻子有点痛，很快手心开始有些湿，人有些恍惚。小虫掉到了地下。我一看，是只蜜蜂！我意识到自己被它蛰了。可怜的蜜蜂，抖了抖翅膀，再无动静，死掉了。

我虽然没有心惊肉跳，但还是有点紧张。我捡起蜜蜂，用一张纸包起来，然后做深呼吸，走到公寓楼接待柜台前，告诉值班的年轻保安Andre，说我刚被蜜蜂蛰了，有些不舒服。我告诉他，我曾被黄蜂蛰过，当时出现了险情，不知这次有没有危险。我打开那张纸，让 Andre 看了那只蜜蜂。接着，我伸出手，与他握了一下，说："你可以感觉一下，我手上是不是有点汗湿。"Andre 很警觉，他问道："**为了你的安全，我是否应该打电话给 911 叫救护车？**"我回答"是"。他马上拿起电话，拨通 911，说这里有人被蜜蜂蜇了，请派救护车。对方通过 Andre，向我提了几个问题：呼吸有没有困难？头有没有晕？身上有没有红肿？有没有想吐？……我的回答全是"没有"。我说，被蜇的地方有点痛，手心有点湿。对方让 Andre 转告我，请稍等，救护车很快就到。

Andre 让他的同事 Lucy 招呼我坐下。我问道：不可以给我点水喝？Andre 回答："911 中心刚才交代过，你不可以喝水。"我继续做深呼吸。不过几分钟，我就听到救护车的鸣笛声，接着，一个身材高大的急救员手提急救箱快步冲了进来。他穿着黑色工作服，臂章上有黄色的 EMS（Emergency Medical Services，多伦多紧急医疗服务队的简称）三个大字母。他问我发生了什么，现在感觉如何。这时，我被蜇的痛感已经减轻，手掌也不那么湿了。他量完我的血压，问我：是否曾经被蜜蜂蜇过？有无过敏史？当天是否服过药物？有什么病史？听完我的回答，急救员平静地说："**你是轻度过敏，没事了！**"接着，他用一张医疗用纸轻轻地贴近我的鼻子，拔出了蜜蜂留下的那根刺。

我略显焦虑地说：我今晚要坐飞机回香港。急救员回答我："**一定没问题。**"他记下我的姓名和出生日期，但没有要我出示任何身份证件。他笑着，又说了一遍："**没事了！你今晚可以坐飞机去任何地方。**"

这时，急步走进来几个他的同事。急救员对他们说，"It is done"（完事了）。我对急救员说："非常感谢。你叫什么名字？可以一起照张相吗？"他伸出手和我握了握，回答道："**不客气。**"但没有告诉我名字。我们合影后（见本书彩插图片 65），他和他的同事们快步迈向门口。

Andre 与 Lucy 自始至终一直在旁边，注视着这一切，如果急救员需要帮助，他们可以及时配合。

我送急救员和他的同事们到门外，他们上了白色的急救车，去救护下一个需要帮助的人。我注意到，**每位急救员制服的右肩上，都有个象征加拿大的白底红枫叶的臂章，虽然很小，但十分醒目。**

天气很好，街上车水马龙，人来人往，好像什么都没发生过。我的身心都已放松下来了。

那一晚，我一路平安，飞回香港。

此时，我在家里，鼻子上的小红点已基本褪去，但 Andre、Lucy 和那位不知道姓名的急救员的身影仍清晰地浮现在我眼前。他们"**不欲琭琭如玉，珞珞如石**"（不做高贵的宝玉，宁做普通的顽石）（《道德经》第三十九章）。

多伦多是否宜居，当地人最有发言权。我作为过客，相信多伦多一定宜旅。多伦多城里随处可见绿草鲜花，那只蜜蜂可能是在采蜜途中稍作歇息，我们相遇，纯属偶然。不知它魂归何处，恳请它原谅我的无心之过。

2017 年 8 月 29 日

《道德经》索引

第一章　1-18

第二章　1-6, 1-13, 1-15, 1-20, 1-23, 2-12, 3-3, 3-8, 4-15, 4-17, 4-18, 4-19

第五章　1-19, 4-7

第七章　1-5, 4-1

第九章　2-3, 4-8

第十章　2-11

第十四章　4-11

第十六章　1-4, 2-3, 4-18

第二十二章　1-17

第二十五章　1-22

第二十六章　4-10

第二十八章　2-9, 3-1, 4-14

第三十三章　1-14, 1-16, 1-20, 1-24, 2-5, 2-8, 2-10, 3-2, 3-4, 3-10, 4-6

第三十五章　3-7

第三十九章　4-2, 4-20

第四十章　1-11

第四十一章　4-17

第四十二章　4-13, 4-16

第四十五章　3-5

第四十八章　1-1, 2-7

第五十四章　1-7, 4-3

第六十二章　1-9

第六十三章　1-8

第六十四章　1-2, 1-3, 1-10, 1-12, 1-21, 2-4, 2-6, 3-6, 3-9, 4-5

第七十章　4-12

第七十一章　2-2, 4-4

第七十三章　4-9

第八十一章　2-1

地名索引

爱达荷　1-4，1-5，1-6，1-6附录，1-24，4-2

巴基斯坦　3-6

笔架山（香港）　1-1，1-13，2-12，4-5，4-19

长安（西安）　4-4

多伦多　4-20

福建　1-3，1-6附录，1-24，2-1，3-1，3-6

朝鲜　4-14

河南　4-7

黄石公园　1-24

阆中　4-10

美国　1-4，1-6，1-7，1-24，3-6

木兰山　4-13

沙县　1-3，1-16，3-1，4-14

香港　1-2，1-7，3-4，4-8，4-9

香格里拉　前言

中国　1-1，1-6，1-6附录，1-7，1-17，1-24，3-6

秭归　2-9

学校名称索引

阿卡迪亚大学 Acadia University　1-7，2-2，2-3，4-3

爱达荷州立大学 Idaho State University　1-4，1-5，1-6，1-6 附录，1-24，4-2

福州大学　1-4，1-6 附录，2-1，2-2，3-1，3-4，3-8，4-2

暨南大学　1-3，1-6，1-7，1-23

江西师范大学　1-9

汕头大学　4-1

深圳大学　1-7，2-6，2-7，2-8，3-1，3-2，3-3，3-4，3-5，3-6，3-7，3-8，3-9，3-10，4-17，4-18

武汉大学　1-3，1-12，2-9，2-10

香港城市大学　1-1，1-7，1-13，1-14，1-18，1-24，2-1，2-3，2-5，2-12，3-3，3-5，3-7，4-3，4-6，4-9，4-15，4-18，4-19

香港树仁大学　2-1

犹他大学　1-1，1-6，1-17，2-1，2-2，2-6

人名以及其他索引

白乐寿（Russell W. Belk） 1-6，1-17，2-6
陈振东 1-3
差序格局 2-4，2-11，3-6
Coulter, Myron L. 1-6，1-6 附录，4-2
《登山观海：146 位管理学研究者的求索心路》
　1-2，1-3，1-6，1-13，1-18，1-23，2-6，3-5，
　4-6
费孝通 2-4，2-5
《佛光山的星巴克——〈道德经〉的启示》 1-13，
　2-3，2-6，2-7，4-2，4-6，4-8，4-19
《福建古田峦龙周氏家谱》 2-2
丰子恺 1-20
冯友兰 4-8
傅树声 2-1
赫拉克利特（Heraclitus） 1-18，3-1
霍信昌 3-7
胡鸿烈 2-1
胡适 4-18
花木兰 4-13
金庸（查良镛） 4-8
Kotler, Philip（菲利普·科特勒） 1-24
Lerch, Robert 1-5，1-6 附录
李嘉诚 4-1
李小龙 4-9
李妍菲 1-3
李业发 4-16

林凌宇 3-9
刘备 1-22，2-12，4-10
柳宗元 1-8，4-18
龙马精神 4-4
牛顿 1-18，3-7
Perkin, James R. C. 4-3
尹克荣 4-14
蒲松龄 4-11
屈原 2-9
《三字经》 1-10，4-16
圣严法师（张保康） 1-21
史蒂文·斯梅尔（Steven Smale） 1-18
陶渊明 1-2，1-21
童泽林 2-11
唐漾一 1-17
王立群 1-19
王新刚 2-12，3-5
王冕 4-12
威廉·摩尔（William Moore） 2-1
文化自信 1-8，1-23
《小白船》（《半月》） 4-14
徐悲鸿 4-12
徐岚 3-5
《寻梦环游记》（Coco） 1-20
《要钱还是要命——〈道德经〉的启示》 1-7，
　1-20，1-21，2-3，4-17

严耕望 1-1

杨国枢 1-8

叶问 4-9

叶秀山 1-19

游汉明 1-7，3-7

游学/游泳/行山/运动　1-1，1-6 附录，1-12，1-13，2-9，3-2，4-1，4-5，4-6，4-11，4-13，4-15，4-16，4-18，4-19

曾永乐 3-4

钟期荣 2-1

周日光 4-15

张飞 4-10

张琴 2-12

张艺谋 1-8

张泽霖 4-2